XIANGJIANG QINGYUAN
XIAOXUE YUWEN JIAOYU JIAOLIU XIEZUO JI

香江情缘

小学语文教育交流协作记

刘晓梅◎著

安徽师范大学出版社
ANHUI NORMAL UNIVERSITY PRESS
·芜湖·

图书在版编目(CIP)数据

香江情缘:小学语文教育交流协作记 / 刘晓梅著.—芜湖:安徽师范大学出版社,2022.1

ISBN 978-7-5676-5370-2

Ⅰ.①香… Ⅱ.①刘… Ⅲ.①小学语文课—教学研究 Ⅳ.①G623.202

中国版本图书馆 CIP 数据核字(2022)第015365号

香江情缘——小学语文教育交流协作记　　　刘晓梅◎著

责任编辑:何章艳　　　责任校对:盛　夏

装帧设计:张　玲　　　责任印制:桑国磊

出版发行:安徽师范大学出版社

　　　　芜湖市北京东路1号安徽师范大学赭山校区

网　　　址:http://www.ahnupress.com/

发 行 部:0553-3883578　5910327　5910310(传真)

印　　　刷:苏州市古得堡数码印刷有限公司

版　　　次:2022年1月第1版

印　　　次:2022年1月第1次印刷

规　　　格:700 mm × 1000 mm　1/16

印　　　张:16

字　　　数:253千字

书　　　号:ISBN 978-7-5676-5370-2

定　　　价:52.00元

序　一

刘晓梅老师勇于挑战自我，代表皖西，代表安徽教育人站出来响应国家号召，不负家乡人民的嘱托，不负肩负的使命，出色地完成了内地与香港教师交流协作的重任，促进了教育的发展，加深了文化的交流，也收获了这本厚重的著作。她犹如金凤凰从莽苍秀美的大别山，飞到北京参加高端培训，再飞赴香江浴火蜕变，尽绽美丽，而后满载友情、赞誉和教育硕果优美地飞回故乡的梧桐枝上。

刘晓梅老师的香江之行令人钦佩，值得称赞。而她的这本浸染辛勤汗水、凝聚教育智慧的著作即将出版，更值得肯定与祝贺。

这本书乍看以为是对作者赴港交流协作及生活过程的记述，其实不然，它实际是作者对交流协作深入思考的结晶，为我们打开了一扇教育变革之窗，挖掘了一口创新教学之井。打开它，清新浓郁的教育春风就会扑面而来，清纯甘甜的教学课改泉水就会汩汩涌出。

香港学校课程发展已进入持续更新的阶段。刘晓梅老师据此鼓励香港学校深化"学会学习"课程改革，协助香港学校探索中国语文教育的课程发展方向。在交流协作的一年里，她积极参与设计、开发教学资源，参与学校课程策划及共同备课、观课、议课等教研活动，努力优化课堂教学效能，推动交流协作进程。她还从研究的角度，以"指向经典的群文阅读研究与实践"课题研究为载体，以"实践'单元整体，读写一体'理念，提升学生写作能力""基于

'读中悟道'的整本书阅读教学策略研究"校本课题为切入点，遵循语文教学规律，挖掘香港本土经验，并结合《义务教育语文课程标准》（2011年版）和香港《中国语文教育学习领域课程指引（小一至中六）》的要求，从理论与实践、设想与验证、交流与融合等维度，逐步梳理出优化小学中文科教与学的策略，积极回应香港学校课程持续更新的倡议。在大量卓有成效的探索和研究中，思想碰撞的成果大量呈现。这些都体现在本书一篇篇蕴含深刻思想和创新精神的教学案例、听课反思、经验分享、课题总结中。

因此，本书可以说是一部别具风貌、极有语文教育学术价值的个人专著，它能为我们的语文教育实践与研究带来启发，非常值得一读！

是为序。

严仍江

2021年2月20日

（严仍江，安徽省六安市教育科学研究院小学语文教研员、特级教师，安徽省教育学会理事、小学语文教学专业委员会副秘书长）

序　二

从霍山师范的"双优生"，到普通的小学语文教师；从勤于钻研的一线小学语文教师，到全县小学语文教学研究的教研员；从心无旁骛研究山区小学语文教育教学，到两次参加全国新课改课堂教学大赛并获一等奖；从内地基层教育专家，到通过层层推荐、优中选优选派，赴港参加"2019—2020学年内地与香港教师交流及协作计划"的教育使者……在平凡的岗位上一路走来，刘晓梅同志不仅实现了专业上的进步与成长，也点燃了身边更多勤奋者的进取热情。

这一年，她在交流协作中为香港小学语文教育注入了新活力。

刘晓梅同志始终保持专业的精神，用专业的态度和香港的同事们一起学习研究，并结合香港中小学语文教学的热点、难点开展教学实践。同时，她还积极开展经典阅读活动，注重亲身示范，利用晨会、中国文化日、学校旅行日，用故事、诗歌、名人名言等方式向学生介绍祖国文化，激发学生对经典的热爱和兴趣，优化中文科教与学的策略。

这一年，她在抗击新冠肺炎疫情中为线上教学开启了新模式。

2020年元月，突如其来的新冠肺炎疫情让赴港教师只能居家办公。刘晓梅同志克服重重困难，开发校本课程，创新课程资源。她积极发挥内地教师微课制作经验丰富的优势，指导香港学校1—6年级教师开展微课教学，开发了"经典古诗词""经典国学""经典故事"等系列微课，让学生在线上观看，感

序
二

受经典的魅力。香港学生评价刘老师制作的古诗词微课：让同学们学起来轻松，读起来有趣，经典学习真有意思。

这一年，她在笔耕不辍中为文化交流做出了新贡献。

"潜心研究，快乐工作，用最少的时间，争取最大的教研效益。"刘晓梅同志是这样说的，也一直是这样做的。这一年，刘晓梅同志紧跟"香港节奏"，勤于笔耕，善于思考。读着这本书，眼前不禁闪现她忙碌的身影，点点滴滴历历在目。

香港之行让有着一腔热忱、专注投入的刘晓梅老师成为香港学生和家长心中的好教师，成为同事们眼里的引路人。这是一名为师者研学功夫和研究能力的展现，也是一名奋进者前行中知行合一的必然结果。

2019—2020年，是刘晓梅同志教育生涯中难忘而有意义的一年。一年的交流协作，一生的教育记忆，相信刘晓梅同志一定会不忘初心，砥砺奋进，将香港的宝贵经验与本地的教育教学紧密结合，深入推进小学语文教学研究，也相信霍山的小学语文教学工作在刘晓梅同志的带领下定能再创新辉煌！

陈兆先

2021 年 2 月 20 日

（陈兆先，安徽省特级教师、正高级教师，六安市拔尖人才，霍山县教学研究室主任）

序　三

　　新年伊始，刘晓梅老师通过电子邮件发来一份20多万字的书稿，让我帮她起个书名。我看完整部书稿之后，提了几个书名供她参考，最后她选中"香江情缘"。虽然我看到的是一封电子邮件，但就像捧着一本几百页的纸质书稿，觉得沉甸甸的！我从这20多万字中感受到了那沉甸甸的分量，从字里行间中读到了刘晓梅老师那份沉甸甸的追求，那份沉甸甸的心血，那份沉甸甸的耕耘，更是一份沉甸甸的收获！

　　我2016年春从教师学习与资源中心退休之后，与刘老师的交往逐渐减少了。她赴港交流协作的事，我是从她发的朋友圈中略知一二，也没怎么关注。但当我读到这本书稿时，却有些震惊了，没想到几年没有交往，刘老师又迈上了一个新高度，她能在全国1000多万人的教师队伍中，能在霍山这个小县城被选上参加为期一年之久的赴港交流协作活动，足以说明她是我们教师队伍中的佼佼者，是我们霍山人的骄傲！

　　从这份20多万字的书稿中，我欣慰地看到刘老师在赴港交流协作中没有辜负教育部和各级教育主管部门领导的希望，没有辜负我们霍山人的厚望！

　　从"第一辑　学习提升"中我看到的是刘晓梅老师孜孜不倦、勤奋好学、笔耕不辍的身影。无论是在行前培训、迎新培训，还是在岗位培训中，她都在认真学习领会领导的教诲和专家的指导，虚心地与同行们切磋交流，一篇篇文章，记载的是她学习的收获，凝聚的是她反思的硕果，更是她成长的足迹！

从"第二辑　协作教学"中我看到的是刘晓梅老师与同行者及香港教师们一起探讨，共同前行的足迹。从集体备课、观课议课、示范教学到实践活动、专题分享，她和她的团队付出了无数心血和汗水。从这些文字中，我看到她们在共同探讨、相互协作，从初始的迷茫中走出了一片艳阳天！一路艰辛，一路探索，一路相扶，一路欢歌，一路收获！

从"第三辑　微课阅读"中我看到了一份份精心设计的教案，从中不难看出设计者付出了怎样艰辛的劳动，倾注了多少心血和汗水。多少个日日夜夜的不懈鏖战，多少回反反复复的深思研究，才能设计出这一篇篇既富有文化内涵，又生动活泼的教案。从这一篇篇精心设计的教案和一张张生动的画面中，我似乎能清晰地看到刘老师在线上线下课堂中激发孩子们学习欲望的一举一动，也仿佛看到了香港的孩子们那一双双充满好奇的眼睛和那一张张可爱的笑脸。刘老师通过一篇篇教学设计，把经典文化的种子播在了香港孩子们的心中！

从"第四辑　研学之思"中我看到了刘晓梅老师善于思考，勇于探索，严谨治学的一贯作风。"指向经典的群文阅读研究与实践"的课题研究开拓了语文教学的大视野，我从中感受到了赴港教师们的"大语文观""大经典观"。在研究报告中，我读到的是研究者理性的思考、科学的论证、周密的计划；在一个个鲜活的研究案例中，我看到的是研究者严谨的态度、探索的足迹、辛勤的付出；在一篇篇科研论文中，我感受到的是满满的喜悦、丰收的硕果、深层的思考。艰辛探索的历程和丰硕的研究成果，不仅为香港教师探索出了一条"经典群文阅读"成功之路，也为内地的语文教学提供了宝贵的经验，是研究者为语文教学积累的宝贵财富！

从"第五辑　情满香江"中我读到了刘晓梅老师对生活的热爱、对事业的热爱和对香港的热爱。一页页生活、学习、工作的日记，记录了她在香港的快节奏生活，倾诉了她对香江的热爱之情，表达了她对美好未来的追求。在这一幅幅生动的画卷中，我看到了她工作之余漫步香江之滨的恬畅，也看到了她穿梭在马路、街道上匆匆的脚步，看到了她置身于校园、教室忙碌的身影，更看到了她在新冠病毒肆虐的日子里忘我的奋斗精神！

读刘晓梅老师的书稿，确实让人感动，感动的是她在香港的这一年中，需要面对陌生的环境、全新的工作、各种各样的困难，却能在紧张而繁忙的工作之外写出20多万字的书稿，我们可以想象到她付出了怎样的时间、精力和心血，熬过了多少个不眠之夜。只有热爱生活、热爱自己事业的人，才能把工作、学习、生活中的所见所闻、所思所感，整理成文字；只有勤奋的人才能孜孜不倦，笔耕不辍；只有善于思考的人，才能把工作、学习、生活中的"琐事"上升为理性认识，形成自己的理论，写成书稿！

刘晓梅老师在我的印象中就是一个热爱生活、热爱自己的事业，勤奋好学、笔耕不辍、善于思考的好老师！也正是具有这样的好品质，她才能从千千万万个普通教师中走出来，成为与一般教师"不一样"的老师，成为全国的教学名师，走上了现在这样一个新高度！

这是一份沉甸甸的书稿，不仅因为它有丰富的内容，更因为它有丰富的内涵！它记载了刘晓梅老师一年来的奋斗足迹，见证了刘晓梅老师赴港交流协作的丰硕成果，表达了教育工作者对学生的爱！

杜应祥

2021年2月20日

（杜应祥，退休前系霍山县教师学习与资源中心高级教师，合肥教育学院师德课兼职教师，享受六安市政府特殊津贴）

丰盈的旅程 最美的记忆

时光如水，岁月如歌，受教育部委派，我圆满完成了2019—2020学年内地与香港教师交流及协作计划的各项工作。在香港的一年里，我奉献了自己从教30年的智慧，感受了香港教育界同仁对工作的严谨与高效，经历了一生中难得的教育旅程。

"赴、付、复、馥"四个字，见证了我这一年前行的脚步，也串联起我这一年为梦想航行的努力，更留下我和香港老师们一起携手走过的2019和2020年的回忆！

万水千山 奔赴香江

内地与香港教师交流及协作计划是"一国两制"环境下内地与香港教育合作的标志性项目，在教育部、香港教育局的共同合作下，从2005年开始至2020年，15年来共选派近700名中小学及幼儿园教师赴港开展交流与协作工作。能成为其中的一员，我倍感幸运，心中充满了期待和向往。

2019年8月27日至31日，怀着同样的梦想和期待，30名赴港教师从祖国的大江南北齐聚北京。行前培训在北京师范大学举行，为期4天的培训，使我们对香港的教育教学有了初步了解。

9月1日，我们从北京经深圳至香港，开启了崭新的生活。30位内师（"内地赴港交流协作教师"的简称，这是我们在香港的特殊称谓）按照教育部和香港教育局的统一安排，分初中、幼儿、语文、数学4个组开展工作。我们语文组10位老师，有2位教研员、8位一线骨干教师。

在家千日好，出门处处难。来到这个相对陌生的地方，我们需要应对各种接踵而至的挑战。专栏作家蔡澜说过：世界上没有一个地方的交通灯，转得比香港更快。我们得跟上"香港节奏"：每天早出晚归，每人负责支援两所学校，每周四天驻校（周一、周四去一所学校，周二、周五去另一所学校），周三回教育局上班总结汇报，周六根据安排有时参加半天培训。上下班来回均需三个小时的车程，每天5：30起床，提前准备午饭，6：30准时出门奔赴不同的地点。

快节奏的生活让我不停刷新大脑：认识繁体字，学习广东话，听懂简单的英语口语，思考母语教学如何做到有趣，内地和香港之间的教育如何有序对接，怎样传承中华优秀文化……初到香港，我们被单调的生活和陌生的环境包围着，被忐忑吞噬着，怎奈一个"难"字了得。

为了让我们尽快适应香港的教育环境，更好地深入学校开展工作，香港教育局语文教学支援组为我们量身定做了一系列专业发展培训课，如专题粤语教学、驻校工作策略等，教育局的同事也先后给我们分享了香港中小学语文教育教学的研究成果。通过场景模拟、互动交流、讨论分享，在一次次真实体验中我们迅速提升专业水平，逐步融入香港的教育生活。

2019年12月12日，香港教育局蔡若莲博士在与我们座谈时讲道：林郑月娥行政长官说过，香港教育要让学生具有"香港情怀、国家观念、世界视野"，她叮嘱我们来到香港不仅仅是完成任务，还要有使命意识；要用专业、用诚意打动香港教师，用生命影响生命，做两地文化交流的桥梁。带着神圣的职责和使命，语文组的10位内师以扎实稳健的步伐在香港的20所学校穿梭，倾注热情，竭尽所能，展开了与"课"有关的专业驻校支援工作。

付诸行动　援之所需

香港的教育独具特色，而香港的语文教学更有自身的特点。一方面，作为国际大都市，香港的开放、包容让语文异彩纷呈；另一方面，中文科学习作为

"两文三语"（"两文"即中文和英文，"三语"即粤语、英语和普通话）的重要组成部分，又占据着独特的地位。在我支援的两所学校中，我发现孩子们沟通交流用得最多的是粤语，"两文"中最弱的是中文，"三语"中最弱的是普通话。援，就要援之所需，付诸行动改进教与学的策略。

做什么？

首先，用专业精神开展课题研究。结合香港中小学语文教学的热点、难点开展课题研究。提升语文素养，开放学习材料，重视经典阅读，拓宽阅读面，增加阅读量，提升阅读深度，是香港语文课程指引更新的方向，也是我们驻校的基本理念。在香港教育局语文教学支援组同事的精心指导下，经过集体研讨、反复论证，我们确定的总课题是"指向经典的群文阅读研究与实践"。在经典和群文的结合上做文章、下功夫，至少有如下几个意义：一是有意识增加阅读量，拓展学生的阅读面；二是其中包含的思想与内容，能给学生更多的正向教育；三是经典作品文字的欣赏、品味、使用，都有助于学生学好中文，提高语文素养；四是经典需要传承，通过经典可以感知中华文化的魅力……在专业的道路上，我们一步一个脚印，努力前进。

其次，用专业态度开发校本课程。认真解读香港《中国语文教育学习领域课程指引（小一至中六）》（后文简称《课程指引》），结合驻校的特点为学校设计多元化的校本课程。学校和中文科课堂是学生学习普通话的最好场所，我充分发挥语言优势，用故事、诗歌、课本剧表演等方式带领学生声情并茂地朗读课文，利用晨会、校园广播、辅导学生参加普通话集诵等机会指导学生感受母语的魅力，同时介绍中国悠久的节日文化和茶文化，分享节日的来历、风俗和内涵，让传统文化浸润学生的心灵，激发学生对祖国文字和经典文化的热爱和兴趣。

最后，用专业追求优化课堂教学。课堂是教育改革的主阵地，我们通过观课议课、共备共研、示范教学、举办工作坊等活动，与香港教师携手共进，共同研究中文科教学的有效策略。

怎么做？

尊重，夯实交流协作的根基。首先，要尊重隐私，观课时不轻易拍照和录像（学校和学生或家长签订协议后，才可以拍照或者录像）。观课议课在内地习以为常，是我们向优秀的同行学习、汲取宝贵经验、提升教学水平的行之有效的方法，但在香港却很难得。其次，要遵守规则。我们每一次观课议课都是学校统筹安排，或是香港老师邀请我们参加（因为我们没有香港教师资格证）。最后，保持专业性，及时沟通和换位交流，是开展驻校工作的前提。

务实，筑牢责任担当的意识。香港学校工作计划性非常强，工作安排细致，所以我们要根据学校的不同特点，采取不同的工作策略。我所支援的两所学校，其中一所非华语学生居多，可通过课本剧、情境教学帮助学生记忆，关注教学的情境和趣味性；另一所学校要注重营造普通话的氛围，通过朗读技巧的指导和写作训练方法的突破提升教与学的技能。香港学校和老师会客观公正地对我们的工作做出评价。

多元，引进交流协作的活水。

集体备课。香港学校中文科教材版本多样，在驻校支援工作中，我结合课例开展研讨，通过微型讲座的形式让老师们在每周一次的集体备课中有所启发，并精心设计教学方案，设计工作纸（相当于内地的学习任务单），提高教学效率。每个年级都有普教中和粤教中的班级，观粤语语文课是全新的体验，我只能借助课件的展示辨别教学内容和流程，从而对香港语文课快速把脉。

观课议课。我珍视每一次与香港老师集体备课、观课、议课的机会，或是以工作坊形式互动讨论，或是以邮件的形式交流，或是利用午餐时间进行聊天式谈心。同时，我还认真观察教学中的每一个环节，细心领会设计意图，发现教学中的优点及存在的问题；帮助教师解决问题，总结课堂提问小技巧、合作学习小点子。

公开教学。为了上好一节经典群文的阅读课，针对教学中的难点、焦点问题，我进行公开课示范教学，从教学构思到教学实施，步步引导，层层推进，实现从理论到实践的转化，从构思到实操的对接。

工作坊研讨。在课题推进中，我通过教师专业工作坊引领协作教师展开深度研讨。为了调动和激发老师们的工作积极性，我会注意沟通的方式和方法，发掘每位老师工作中的优点，针对他们的不足之处给出一些具体的建议，逐步解决他们的困惑。

香港的老师说，和刘老师一起备课，有收获；刘老师所教的策略，在课堂上有用、能用、实用。

繁复至诚　居家支援

2020年元月，突如其来的新冠肺炎疫情阻隔了我们驻校的脚步，却阻隔不了我们协作支援的初心。我们改变支援策略，开启了新的工作模式——居家办公，克服重重困难（设备有限、技术有限、资料有限），开发校本课程，创新课程资源。疫情期间，根据学校情况，我给予阅读建议，帮助1—6年级老师解读校本教材《华夏龙情》和《成语手册》，指导他们设计群文阅读的活动方案，带领1—6年级学生开展经典阅读活动，让传统的经典文化走进学生的心中。我和协作老师一起搜集素材、解读古诗词、设计简报、编辑脚本，给1—6年级学生录制了33节古诗词微课，开发了八大传统节日系列微课，专业的指导深受香港老师的肯定和欢迎。疫情期间停课不停学，停课不停研，我们的教学支援从原先的两个年级，慢慢扩展到1—6年级。从忐忑不安到战胜疫情路上收获的古诗词微课制作、系列读书活动等成果，有一种"众里寻他千百度，蓦然回首，那人却在灯火阑珊处"的惊喜。

百花绽放　馥郁芳香

我们专心做支援，诚心来交流，齐心促发展。为了做好一次工作坊活动，为了开展一次集体备课，下班回来，我还会继续查阅资料，推敲每个环节，把和老师们在集体备课中形成的教学思路做成课件，进行直观形象的分析。从陌生到熟悉，从了解到不舍，一段时间下来，我发现香港的老师和学生是非常欢迎我们的。课间，会有学生悄悄来到身边和我聊天，给我介绍香港的风土人情；老师们主动来找我，和我探讨教学中的困惑，校长也给予我充分的肯定。

功夫不负有心人，我们的课题研究"指向经典的群文阅读研究与实践"，历经准备、开题、实施、深化以及总结研讨等阶段，在实践中获得了新的教育启示——向"群文"而聚合，用"经典"来生长，总结出了五种聚焦议题方式、六个选择群文角度、四个选文组合原则、三种基本课型、三种基本教学模式。一年来，我执教4次示范课，开展14次工作坊讲座，观课议课23次，完成教学设计48篇，录制微课333分钟，设计68课时教学简报，参加47次集体共备，参加133小时研修活动。2020年8月12日上午，我作为课题主持人代表语文课题组进行了题为《深耕群文尽付匠心，聚焦经典语味芳醇》的课题研究工作总结汇报，本次课题研究在提高学生阅读速度，培养学生思维能力，让学生亲近经典、爱上阅读和传承文化等方面取得初步成果，研究成果获得了香港教育局领导的充分肯定，课题顺利结题。

2019—2020学年，是收获与改变的一年。在奔五的年龄，我做梦也没有想到会来到香港这座城市，在这里开展工作，和这里的老师们共同备课、观课、议课、开展课题研究活动……而我，真的来了，带着对香港的神秘感受，来到了这个能带给我新感受、新理念、新思考的城市。香港作为中国教育改革对外开放的桥梁和窗口，基础教育国际化水平高，教育管理、课程设置等一直在坚持改革和创新。香港教师的敬业和对工作的热忱，深深地打动着我们。在课堂上，老师为了照顾学生学习的多样性，会根据学生的不同情况制定适合本校、本班的学教策略，通过史料、漫画、图表、视频等多种形式帮助学生理解学习内容，给学生不同的"探究途径"，满足不同学生的需求。

2019—2020学年，是变化与成长的一年。初到香港，我焦虑不安，节奏紧张、环境不适、沟通障碍，团队里的老师大多来自省城，见多识广，而我只是县级教研员，唯恐会掉队；到最后，香港快节奏、高效率的生活不断促使我提高生活和工作效率。在这里，我体验到人生很多的第一次，有太多值得回味的画面，有太多让人难忘的场景，这些都让我的生活变得丰富多彩、有情有趣。我已深深地爱上了这片神奇而美丽的土地。

人生不一定要顺利，但一定要努力。离开亲人、同事一年时间，十分想念，每次下班乘地铁，抬头看见电子屏幕显示"罗湖（深圳）方向"的指示，都会思绪飞扬。人在远方，心却从未走远。每天总会习惯性地看看教育局、省市县小学语文群、名师工作室微信群或QQ群……家乡教育永远流淌着激情，家乡的小学语文老师永远拥有火热的情怀。

2019—2020学年，我们血脉相连。疫情暴发后，为了减少乘坐公交，每天下班我们就沿着海边从中环步行回"家"，在这里我们看到暴雨与彩虹相伴！这让我们明白：不经历风雨怎能见彩虹，因为阳光总在风雨后。

2020年8月13日下午，"2019—2020学年内地与香港教师交流及协作计划"总结会首次在线上举行。教育部港澳台办、中联办教科部、香港教育局、香港教育研究发展中心等部门的领导和相关人士在线上和30名内师相聚。香港教育局首席助理秘书长吴加声先生发表了热情洋溢的致词：过去这艰苦困难的一年，非常感谢每一位内地交流协作老师，毫不吝啬地分享专业学识，老师们全心全意帮助香港同胞，实在令人肃然起敬！教育部港澳台办副主任舒刚波先生对内师们表达了真诚的感激和衷心的祝贺。

一个人走得快，一群人走得远，一群有共同追求、共同梦想的人走得更远。一年的时间是短暂的，经历也是有限的。我庆幸自己能够来到美丽的香港开展教学交流和协作工作，不负内地不负港，就像语文教学支援组的领导告诉我们的一样：我们在香港的每一分钟，都体现着我们的价值；我们在教育园地的每一分钟，都在为教育增值！

时间来不及细算，过往来不及细看，展开专业对话，拓宽专业视野，提升专业素养，一路走来，风光无限。

回溯过往增底气，聚焦目标再出发。《香江情缘——小学语文教育交流协作记》是我行走的开始，也是我继续行走的动力。

刘晓梅

2020 年 12 月 26 日

目 录

第三辑　微课悦读

第四辑　研学之思

第五辑　情满香江

第一辑 学习提升

因为一场特殊的"火炬"传递，我们从大江南北，带着初心，怀着梦想，缘聚香江。

交流人员，一个属于我们的特定称呼；交流人员，一个属于我们的特定荣誉。我们担起赴港交流人员之重任，拉开内地与香港之间互学互帮、传递情感、提升业务的帷幕。

为了让我们更好地适应这崭新的生活，行前培训、迎新培训、岗位培训，按照计划适时推进。来自教育部、香港教育局、香港教育研究发展中心、北京师范大学等的专家教授的高位引领，来自香港名校校长及老师们的实践智慧，让我们醍醐灌顶。香港的学校是一扇窗户，推开窗户，里面的世界很精彩：课程，因为校本，具有厚度；管理，因为人本，更添温度；教学，因为生本，更有效度。

殷殷寄语，如春如画……

以学习者的姿态行进
——记内地赴港交流教师行前培训

第一次来北京，是 2008 年 8 月 9 日，北京奥运会期间，当时我去内蒙古赤峰参加会议，利用中途转车的半天时间，游览了鸟巢，欣赏了天安门广场雄伟壮丽的风景，对于北京的最初记忆，温暖、亲切。

再次来到北京，是 2019 年 8 月 27 日，我很荣幸地参加"2019—2020 学年内地与香港教师交流及协作计划"，与来自全国不同地区的 56 位优秀老师一起相聚在教育的高等学府——北京师范大学，参加赴港前的培训，幸福而自豪。

8 月的北京，秋光正好，微风不燥；初秋的北京师范大学，翰墨飘香，生机盎然。

在北京师范大学校内游览，目之所及的建筑并不华丽和庞大，但是，也许是知道身处中国最高师范殿堂的缘故，总感觉这里飘散着浓厚的书卷气。特别是看到"学为人师，行为世范"的碑文时，更是有一种发自内心的敬仰。北京师范大学校园，古朴典雅，先贤圣人孔子塑像矗立在花坛中，作为一名教育工作者，能步入高等学府聆听专家们的教诲，我感到荣幸之至。

8 月 28 日上午，培训拉开帷幕。开班仪式上，我们聆听了教育部港澳台办、香港教育局等部门领导的讲话和内师代表的发言，觉得这一年会收获颇丰，开阔眼界，但又倍感压力，责任重大。

接下来的培训内容是为我们赴港教师量身打造的，所有课程都有着鲜明的主题与明确的内容。北京师范大学课程与教学研究院阚维教授做了"内地与港澳中小学课程的差异"专题讲座，仔细分析了三地课程的发展及特点，还特别解说了三地课程改革的综合情况；北京师范大学教师教育研究所宋萑教授讲授的"港澳文化——教育与校本支持"，则立足于不同的区域文化，传递了校本支持的策略；北京师范大学教育学部霍力岩教授基于自身考察的经历，分享了

"香港幼稚园领袖专业培训课程专家指导总结"，专门讲述幼儿园专题计划书的撰写及实施过程；北京教育科学研究院汪志广教授给大家讲解"教学指导教师如何开展教学指导工作"的方法，引导大家用心思考，全力投入工作，做成长中的思想者；教育部高校社会科学发展研究中心王炳林主任做了"学校意识形态建设"主题讲座，阐述意识形态建设的主要任务，构建意识形态的大格局。

29日下午是分组培训，来自语文组的十位老师，汇聚一堂，倾心交流。香港教育局语文教学支援组高级学校发展主任曾宇丹给大家详细介绍了香港的教育情况、香港语文课程的特色以及语文教学支援组的工作内容，并通过树状图的形式介绍了教育局的组织架构，让我们对自己所属的部门有了清晰的认识。香港的教育主要分为五个阶段，即幼儿教育、九年基础教育、高中教育、高等教育、持续教育；学校类型按办学团体可分为官立学校、资助学校（津贴及直接资助）、私立学校，按服务对象或学制可分为普通学校、特殊学校、国际学校。宇丹老师还通过图示让我们直观了解香港语文教育学习领域与基本要素："普通话科""中国语文科""中国文学科"三大科目分科协同，"阅读""写作""聆听""说话""文学""中华文化""品德情意""思维""语文自学"九大关键内容密切关联，以读写听说为主导，带动其他学习范畴，全面提升学生的语文素养。香港学校和内地学校在办学模式、课程开设、教学管理、教学方式、教学评价等方面虽各具特色，但一脉相承。宇丹老师的讲述清晰而亲切，让人如沐春风，为我们揭开香港语文教育的第一层面纱。

香港教育研究发展中心詹华军总监给我们详细解说了"香港生活管理及注意事项"，从衣食住行的方方面面逐一说明，细致而周到。为了给我们进一步解惑，培训班还邀请了延任老师和2012—2013学年赴港参加交流及协作计划的北京市东城区前门小学赵岩主任给我们作了经验分享。

学，然后知不足。五天的行前培训，内容充实，授课教师或宏观统揽，或微观分析；或幽默风趣，或语重心长；或细心指点，或倾心交谈……教室里不时发出笑声和掌声。培训逐渐为我们解答了赴港"三原问"：我该做些什么？我能做些什么？我能做好些什么？专家教授的介绍，让我们初识港澳教育课程体系，了解三地教育课程之不同。大家都觉得，这样的培训既有高度上的引领，又充分考虑了学员的需求，高效实用。

千里之行始于足下。离开自己熟悉的工作和生活环境，未来一年的工作肯定会遇上这样那样的"烦心事"，语言的障碍、紧张的节奏、专业要求的高水准、支援行动的高期望……道虽迩，不行不至；事虽小，不为不成。我们要融合香港、内地教育文化的地域差异，努力做好教育文化交流的使者。一年的赴港交流，是探索与挑战，更是机遇和升华，我们要不负美好时代，收获绚丽风景。

一切美好，皆因有你

——记内地赴港交流教师迎新第一周生活

结束了在北京师范大学的行前培训，我们经深圳来到香港。虽然做足了功课，也有了一定的心理准备，但来到香港的第一周，大家还是出现了程度不同的水土不服反应。第一次来香港的我，听不懂粤语，难以适应香港的快节奏以及不同的饮食习惯，觉得整个人进入了倒时差的状态，吃不好睡不眠。"磨合期"生活，在迎新培训中调整、过渡。

温馨的办公环境

位于香港教育局九龙塘教育服务中心的语文教学支援组办公室，是我们每周三集中办公的地点，也是我们10位交流人员在香港的"家"。2019年9月3日上午，我们10位交流人员早早出发，在香港教育研究发展中心朱兴强先生的带领下走进了这个"家"。

语文教学支援组的同事们主动和我们打招呼，并热情介绍办公室整体布局和相关事项，如久别重逢的老友，对我们嘘寒问暖，关怀备至。我们每个人的工作卡、储物柜、办公桌都已安排妥帖，大家迅速找到自己的位置，进入工作状态。紧凑整洁的办公室、温馨安静的办公环境让我倍感亲切。

简单而隆重的迎新会随即召开。内师们简短的自我介绍赢来同事们热情的掌声。语文教学支援组高级学校发展主任梁雪梅女士在讲话中指出，面对21世纪教育新挑战，教师应该明确自己的角色定位，通过积极引导，培养学生能力，发展学生思维，传递正面的价值观与人生态度，让学生有属于自己的未来；同时，她还给予我们鼓励，相信大家在香港的每一分钟，都能为教育增值。黎耀庭先生是语文教学支援组可亲可敬的领导，也是历届内师们心目中的"男神"，初次见面，他风趣幽默的话语就让紧张局促的气氛变得轻松愉悦。黎先生是个"粤语通"，他开心地鼓励大家：内师们来到香港一要主动交流，让自己成为学校的一分子；二要放松心态，开开心心地迎接每一天的工作；三要融入香港，尝试学习广东话，向"两文三语"靠拢。最后，他还毛遂自荐当大家的粤语老师。两位领导言语亲切，话语真诚，在和风细雨的交谈中半天时间悄然而过。

精细的培训规划

"凡事预则立，不预则废。"仔细阅读人手一本的《内部专业发展培训手册》，不禁啧啧称赞，2019—2020学年，内师们专业发展活动安排清晰明了，这一年我们将要做什么，怎么做，做到什么程度，参加哪些专业培训，所要举办的活动的主题、日期、时间、地点等，要求明确，分工具体。第一天工作，我们就真切感受到香港教育局语文教学支援组工作的计划性和严谨性。由此可见，迎新培训不是培训内容的重复和叠加，而是立足于香港中文科教学实际，以融入香港学校和香港教育为目标，让工作任务再明晰，操作策略再精准，协作过程再落实的分解培训。

亲和的培训团队。语文教学支援组高级学校发展主任曾宇丹、蔡一聪、黄俊文三位老师将是和我们朝夕相处的三位同事。宇丹老师年轻有为，是交流及协作计划项目的负责人；一聪和俊文两位老师儒雅谦逊，既像和蔼可亲的兄长，又好似无话不说的铁杆朋友。迎新系列培训开始后，宇丹老师首先领着大家认识语文教学支援组，了解交流及协作计划，并详细解读行政须知；一聪老师带领我们了解本地学校语文科常用教科书的特色；宇丹老师和俊文老师还为我们做了香港语文课程及评估简介，让我们了解香港课程实施的情况。这些内容，将香港教育全方位地展现在我们面前，从而缩短了我们与香港教育的距离。

新颖的培训形式。迎新培训注重实践操作，在互动中，我们展开讨论，尝试模拟，不断思考。例如，如何构建有效的共同备课模式？宇丹、俊文两位老师从模拟场景入手，很快就将有效与无效的要素梳理出来。如何通过观课评课促进教师专业的发展？宇丹、俊文两位老师用工作纸的形式教给大家"三个现象、两点反思、一条建议"的思路。如何解读协作学校的意向书和计划支援表？宇丹、俊文两位老师和我们"一对一"地分析学校情况、探讨学校需求、预测推出成果。

培训在轻松的氛围中展开，培训内容充分考虑了内师的需求，全面而细致，让大家对下一阶段的工作有了初步的规划。

鲜活的培训案例

香港学校多元办学，可谓是千校千面。要研究香港的教育决不能仅仅停留于教育的层面，而要与当地的文化相融合。为此，香港教育研究发展中心詹华军总监给我们开设了系列的课程，如"香港与内地社会文化的比较""香港教育的特色及两地教育的比较"等，这些课程从文化的背景入手，解说文化与教育的关系，教给我们翔实可行的操作策略。另外，香港教育研究发展中心还邀请了培侨小学原校长连文尝先生，开设"有效沟通"工作坊。连校长通过大量鲜活的案例和实际演练，不仅给我们介绍了有效沟通的方法，还为我们提供了操作的范例，讲解细致，生动有趣。他提醒内师们，有效沟通是开展支援工作的前提和关键。大家听得认真，纷纷点赞：每一次培训都是立足不同角度，没有生硬的说教和灌输，而是让我们在体验中思考、发现、总结，可谓千淘万漉，干货满满。

热心的香港同事

为了让大家安心学习、安心工作、安心生活，香港教育研究发展中心的同事尽心尽力地为我们做好后勤保障工作。

到香港的第二天，香港教育研究发展中心的朱兴强先生一早就来带大家办理香港身份证、银行卡和手机卡，保证大家出行和生活的安全和便利。朱先生被誉为"金牌管家"，名不虚传。一到香港，手机卡壳、电脑罢工、走路犯晕，大大小小的事情一波连着一波，朱先生有求必应，义务为我们修电脑、换钥匙、查线路，帮助我们下载手机 App，教我们学习粤语，指导我们如何科学安排工作、学习和生活，他耐心且周到的服务，让大家原本紧张的心情逐渐放松。

初到香港，我们每个人都在努力适应快节奏的生活，适应新的语言环境，缩短磨合期，尽快进入角色，渐渐地，自信与从容带来的笑意，展现在我们的脸上。

情境体验，走向卓越

——记内地赴港交流教师迎新第二周研讨

随着驻校的日子渐渐来临，我们的培训更趋于实践环节的操作。第二周香港教育局语文教学支援组为我们安排了丰富而有效的课程，带来了一场场头脑风暴。

驻校技巧大派送

驻校后我们将真正展开语文教学实践的交流。内地教师和香港教师之间如何才能更为有效地交流和沟通？宇丹老师从"诚"与"敬"两个字展开，提出要树立热诚的服务意识，带着真诚的态度，有一颗包容坦荡的诚心；既要敬业，用专业的精神投入工作，又要敬事，心怀感恩之情做好每一件事情，还要敬人，虚心有礼，时时向他人学习。

同时，我们也明白了交流人员的五种身份：谦虚的学习者、友好的合作者、专业的支援者、积极的带动者和精心的设计者。

宇丹老师给我们提供了大量的实用性策略，如"抓住九月黄金期"（万事开头难，要想使支援工作有序推进，就要主动出击，建立良好的印象，利用开学的黄金时间，深入调查，充分了解，做到心中有数），"访谈校长三时段"（"山不过来我就过去"，香港学校的校长工作繁忙，交流人员要见缝插针，利用支援初期、中期、后期三个时段和校长交流驻校支援工作的进展情况，取得校长的认可和指导），"善用教研第一次"（交流人员要珍惜第一次和驻校协作老师开展教研活动的机会，让协作老师认同交流人员的理念和想法，"一见钟情"），"每月内容巧安排"（根据各校实际和工作需要，合理确定工作内容）等等。宇丹老师还指导我们熟悉工作环境，处理好工作关系，科学规划两个学校的工作，考虑全面，注重实效，让我们受益匪浅。

支援场景试演练

为了让我们有直接的体验，培训中我们多次进行场景模拟。在驻校场景中，我们拿到个案，在短时间里分组讨论，商谈对策，并用情景剧的形式表现出来。大家有的化身统筹主任，有的扮演驻校校长，有的直接担任内师的角色，一同进入个案情境中，一个个精彩的小故事就立体地呈现出来。宇丹老师罗列的案例有针对地域差异、习惯差异造成的人际交往困惑，有针对角色定位不准、团队分工不明造成的工作范畴疑惑，有针对突发状况、客观因素造成的工作实施安排烦恼，有针对行为习惯不同、理解角度不同造成的组织落实干扰，等等，颇具典型性。在每一次讨论中，大家都积极思考协作有何优势，有什么困难，如何善用这些优势，如何解决这些困难。

与驻校代表见面的日子即将到来，沟通中可能会出现什么状况？又该如何应对？宇丹和一聪两位老师以小话剧的形式，给我们来了个情景再现。从互相认识，到有效沟通，从确定主题，到驻校安排，他们表演出来的沟通情形，一目了然，直接让我们明白了其中的关键点和注意事项，许多疑惑在真实的情境中豁然开朗。

耐心分析意向书

"知己知彼，百战不殆"，要驻校，首先要明白学校的教学需求。对此，宇丹、一聪、俊文三位老师特别关注，和我们一起了解、分析对口支援学校的意向书。

意向书既是支援学校的工作需求，也是驻校支援的工作重点。大家仔细研读意向书，有针对性地尝试将学校的需求和个人的设想有机结合起来。交流人员每人联系2所学校，总共20所学校。大家逐一上台，畅谈自己的构想。有趣的是曹老师和罗老师联系的德信学校、英华小学，这是两所有着百年文化底蕴的男子学校，以培养男生勤、乐、仁、勇为办学宗旨，两位老师的支援策略更多地关注学生的性别特点。我联系的圣公会圣十架小学和天主教总堂区学校也很特别，其中，天主教总堂区学校非华语学生特别多，普通话支援和学生阅读能力提升是研究的重点，我坦诚地说出自己针对学生特点开展分层支援的思路和工作建议，宇丹、一聪、俊文三位老师给予了中肯到位的点评，交流人员也积极参与讨论，献计献策。

在此基础上，我们又学习了如何写好驻校计划书。为什么写？写给谁看？怎么写？……一个个问题激起了大家的思考，思维碰撞之后，大家纷纷提出各自的观点。宇丹老师和一聪老师不失时机地归纳出写好驻校计划书的"四部曲"：一要确立合适目标，二要详细分析校情，三要设计实施方法，四要推出预计成果。

做好工作计划是工作成功的前提和关键，我认真解读两所学校的意向书，在心中建构蓝图，有典型案例的佐证和锦囊妙计的陪伴，工作的每一步都在踏踏实实推进。

其乐融融的"相亲会"

为了迎接见面会，我们精心备课，设置场景，做好规划。9月11日下午，终于迎来了对口支援学校的见面会。

会上，黎耀庭先生首先发表了热情洋溢的讲话，他幽默地指出10位语文内师就要"嫁到"各个学校去，希望大家加强交流协作，为教育共同努力。接着宇丹老师详细地解说了本年度交流支援工作的方案、设想和工作要点，使即将走向实践的支援工作，越发趋于专业化、精细化。

之后，各对口支援学校的负责老师与我们10位交流人员分组见面、交谈。虽然大家第一次见面，但彼此都充满期待，圣公会圣十架小学两位年轻的统筹主任和我交流了学校的规划和思考，天主教总堂区学校的冼主任、李思俊老师也和我交流了他们学校的意见和建议。刚开始见面，大家还有点局促不安，没想到几分钟后我们就聊得特别投入，大家就学校未来一年的发展计划做了有效对接，并就下一步工作进行了深入探讨。关于教育的难点、热点问题，关于内地和香港的教育异同，关于学校的现在和未来，大家坦诚交换意见，会场气氛热烈。我从语文教学的角度，提出了自己的看法。两所学校的统筹主任予以积极的响应，认为我的构想有见地，有内涵，也具有可行性。可以说，双方的第一次见面，热情、真诚、有针对性，是对学校建设和发展的一次深度研讨。

热心的统筹主任和骨干老师还给我精心设计了去学校的路线图，会场气氛热烈，第一次见面会在意犹未尽的讨论中结束。

香港校园首印象

培训后期，语文教学支援组的同事们还做了精心的安排，带领我们走进香港学校，亲身体验香港的教育。

在道教青松小学，我们看到学校各处摆满了各类竞赛的奖杯。这是一所立足于学生快乐成长的学校，注重培养学生"主动积极、要事第一、以终为始、双赢思维、知彼解己、统合综效、不断更新"等七个好习惯，鼓励学生加强创意，提升合作与自我领导力，其中"相信孩子每天都在进步"的理念，促进了学校和师生的发展。

走进佛教梁植伟中学，我们重点了解中文科教学的情况。为了提高学生汉语的学习能力，语文老师们做了大量的工作，他们注意处理预学、共学、延学的关系，追求语文理解由表及里、深入浅出，收到良好的效果。该校倡导的"学生皆能成功"理念，显现了学校的教育观、教学观和学生观，令人难忘。

多角度、多维度、多形式的迎新培训，没有枯燥的理论灌输，没有烦琐的分析，而是创设生动的情境，走入真实的生活，在培训者与受训者双方你一言我一语的积极交流中展开，让我们对香港的教育，对将要开展的工作有了进一步了解，受益良多。

雄关漫道真如铁，而今迈步从头越。我在用心思考着、回味着，相信在驻校的日子，会有更大的收获！

如切如磋，如琢如磨
——岗位培训随感（一）

学习是永远的主旋律，来到香港我们从未停止学习的脚步。为丰富和促进赴港交流教师的专业发展，香港教育局每周三开展专题培训，香港教育研究发展中心每月开展一次集中培训，疫情期间也有很多网络分享……在港交流期间，各类培训有80多次，让交流人员学到了更多的知识，获得了更大的进步。一场场培训让我们如饮甘饴，如品美酒，回味无穷，从而加深对教育的理解。

理念指引——案例生动有趣，引领意义深远

2019年11月23日，香港教育研究发展中心再次邀请了培侨小学原校长连文尝先生，为我们开展了题为"团队建构和学校文化建设"的专题讲座。

培侨小学有着先进的办学理念，一直致力于建设成为一个能够不断反思、探索、更新及追求卓越的学习社群。这个社群以学生为主体，包括教职员及家长等学习者。学校亦致力于使它成为一个学习者之间互相学习、互相关怀的地方。连校长运用培侨小学的真实例子，结合自身的成长经历，为我们带来了又一场精彩讲座。这场讲座内容丰富，指出了教师专业发展的道路，体现了香港教育传统和创新相结合的特色，也让大家感受到了连校长真挚动人的教育情怀。连校长的学校管理理念和育人理念感染着每一位内师。

技术支撑——科技引领教学，实操助力发展

2019年12月14日，香港教育研究发展中心在福建中学（小西湾）为我们交流人员举办了计算机应用工作坊，由香港教育局原高级学校发展主任陈森泉先生主讲。据介绍，陈先生的工作坊历年都是交流人员系列培训中最受欢迎的工作坊之一。陈先生神情专注，讲述生动，给我们传授了如何制作高水平PPT的秘诀。陈先生与时俱进，将平板电脑中可用于课堂教学的功能放到工作坊中

进行介绍，例如，通过平板电脑制作高质量的微课、快速进行复杂的视频剪辑，利用合适的工具将平板电脑变成记事簿，把整节课用多媒体的方法记录下来，等等。

对于如此实用的工作坊，我们当然不会错过。大家早早带着自己的装备来到福建中学。陈先生通过实例向内师传授PPT制作的秘诀，解决了老师们在电脑运用中的一些技术问题，大家收获颇丰。

头雁带动——云端遨游生动，隔屏分享创新

一场疫情，让教与学的方式来了个大变身，也让我们的岗位培训从线下的集中培训转到线上的网络交流。在疫情防控期间，大家通过移动云端的线上交流进行专业分享。2020年5月8日，来自四川成都的内师团队成员，中学历史组的"80后"教师叶德元给大家上了生动的一课。叶老师是写了13年博客的"老手"，近期进行了多场网络直播，成为教育界的"网红"。在网络培训会上，他以丰富的实例，和我们分享了开展网络教学、教研的经验和心得。叶老师说"变有限为无限"，就是要大胆想，就是要有创意，有活力，有时代爆发力。孩子们那么"新"，我们怎么敢"旧"，现在一说回归教育的本质，就有很多人排斥创新，其实大可不必，这两者并不矛盾。时代在变，孩子在变，创新本质上就是实事求是。有了大胆的想法，还要小心翼翼地做。所以要不断地思考，过好每一天，做好每件事，善待每个人。叶老师的分享，为内师团队打开了一扇窗，让大家看到了网络教学、教研的更多可能性。

前辈引领——为了人生梦想，矢志不渝奉献

2020年7月25日，香港资深教育工作者、香港教育局原总发展主任、太平绅士叶祖贤先生为我们作了两个多小时的专题报告"新形势下的教师"。叶先生是内地和香港教育交流及协作项目的创建和推动者。他1973年参加工作，一生致力于教育事业。讲座中，他努力用普通话讲述着自己对于教育的理解和思考，精神矍铄，思维敏捷，不看文稿，不借助PPT，侃侃而谈，出口成章，幽默风趣。

叶先生从当前时代的特点谈起，介绍了当前教育发展趋势和香港教育的特点，剖析了香港教育所面临的种种困难。他说，教师工作的本质，从微观来说，是带给人变化，为人的变化创造条件、空间和可能；从宏观来说，是移风易俗。移风易俗不易，所以教育是一项复杂的工程。他郑重提醒我们，当今时代，环境变化快，竞争激烈，教师要知道自己的定位、目标与局限。

怎么当好新时代的教师？叶先生说，要坚持终身学习，坚持每天阅读。教育工作者要坚定不移地实践对教育价值的追求，锲而不舍地向同行学习教学智能。

叶先生还以亲历的故事给我们讲"亲其师，信其道"的道理。他说，你心中是否爱学生，学生是能感觉到的。

随着叶先生深入浅出的讲述，一上午的时间悄然而逝，我们对叶先生的崇拜也越来越深。在我们眼中，叶先生是一位资深教育工作者，是一位站在高处的智者。40多年来，叶先生从教师到校长，到教育参谋，到议员，阅历丰富，知识渊博，眼界开阔，他跳出教育看教育，站得高，看得远，其思其行，价值高，影响大。

学有所获——让学习真实地发生

一次学习，一次思维碰撞；一次倾听，一次心灵洗礼。在80多次的培训中，听到最多的几个词语就是尊重、信任、自律。每次培训大家都积极参加，培训时间不管是在双休日还是工作日，大家都能始终如一，认真学习。这些培训大多有这样几个特点：（1）参会者守时守纪，行为自觉，不录像，不拍照，体现尊重和信任。（2）参会者穿着得体，体现尊重。（3）参会者专注听讲，会场安静。（4）讲座内容充实，实用性强。（5）主讲人时间观念强，分秒必争；讲座内容高度凝练，干货满满。（6）反馈交流及时，观点建议客观实在。

每次培训都是香港教育局和香港教育研究发展中心的同事们精心安排的，主讲教师边讲解、边示范、边指导，老师们边聆听、边操作、边交流，真实、高效的岗位培训，让我们在不经意间心里就涌动着收获的喜悦。

让教育充满生命力

——岗位培训随感（二）

2019年11月6日上午，一场别开生面的精彩专题讲座在互动游戏中拉开帷幕。国际启发潜能教育联盟香港顾问黄启鸿博士利用半天的时间，带领我们开展了一场特殊而又难忘的培训，让我们在"游戏"中有所思，有所获。

场景活动一

新颖的环境布置。

走进培训教室，老师们便接到黄博士的调度安排，黄博士拿出若干张精美图片，让大家自主选择自己喜欢的图片张贴在会议室最显眼的位置，然后让我们用心观察图片，写下喜欢的理由。黄博士一声令下，教室里所有人都活跃起来，老师们纷纷选择喜欢的图片一一张贴，一时间鲜活的图片给大家带来强烈的视觉刺激：瞅瞅这张，生机盎然；看看那张，活力四射。

"你的发现与众不同！"

"你的感受非常独特！"

"你的选择视野开阔！"

"相信你自己，你能做到！"

"调整你的专注点，转移你的注意力，你成功了！"

"哇！——"惊奇、惊喜、惊叹，笑声、欢呼声，一阵接着一阵，一声高过一声，黄博士的点评点燃了大家内心的激动，鼓励是启发潜能的重要方法，这里正在进行一场头脑风暴。

【设计意图】新颖的培训形式让老师们在互动参与的过程中感受乐趣，好似思维体操，大家都积极参与到活动中来，对下面的活动充满期待和兴趣。

场景活动二

寻找特别的点。

黄博士给每个人发一个气球、一枚大头针，气球吹大后，黄博士让大家用大头针往气球上扎，但不要扎破气球。大家摇头，不敢尝试。"扎下去，勇敢点！"黄博士鼓励道。

砰，气球一个接一个爆了。

"想一想，找特别的点。"在黄博士的提醒下，有一个老师成功了。又有一个老师成功了。不尝试就没有成功的机会，黄博士的谆谆话语告诉我们：勇于尝试，善于思考，才有成功的机会和可能，尝试是开启潜能的重要途径。

【设计意图】成功在于尝试，不尝试永远不能成功。

场景活动三

改变关注点。

用一根手指托一根手指形的塑料棒，往前走5步塑料棒不掉下来。谁能做到？这次大家争先恐后上台尝试：有的才将塑料棒放到手指上，棒子就掉下来了；有的刚迈出一步，棒子就滚了出去；有的眼看就要走满5步，棒子还是脱离了手指。

"不要盯住手指头，看棒子的顶端。"黄博士果然有妙法，棒子果然像粘在手指上一样稳稳的。

"耶——"老师们像孩子一样开心地欢呼起来。

【设计意图】改变关注点，是启发潜能教育的又一个法宝。我们不仅要有永不言弃的态度，还要找对方法。手指托棒实验，关注点决定结果，我们要试着看高点儿，看远点儿。

在教育教学实践中，我们要多给学生一点机会，永远不要用同一把尺子衡量学生。每个人都有无限的潜能，教师要找对方法，多关注学生的优点，多挖掘学生的潜能。成功不是突然到来的，而是从决定去做的那一刻起，持续累积而成的。

【启示与思考】两个多小时的讲座，黄博士深入浅出，在互动中将高深的理论讲得妙趣横生。基于启发潜能教育核心理念下的教学追求，就是要充分地、多角度地挖掘学生潜能，这是引导学生学会学习的关键。教学策略的转型、课堂教学的变革是开启潜能教育的切入点、突破点和成长点，只有聚焦课堂，才能真正让核心素养落地，促进学生智慧地成长。

点击精彩，为专业发展注入新动力

——岗位培训随感（三）

岗位培训，内容充实，形式活泼，一场场头脑风暴不停地刷新我们的大脑，身临其境而又悟在其中。

感悟一：视线，决定眼界

自由组团，气氛和谐。培训中，我们或独立思考，或互帮互助，或一人主讲，大家点评。这种方式一下子提高了难度系数，要在五分钟内完成一个案例的解读与解答，还要完成呈现形式和内容的策划与组织，实属不易，但有同伴一起准备，心里就不那么紧张了。在准备过程中，经思维碰撞，大家的思路一下子开阔了，那种愉悦无以言表。即使意见相左，在辩论中也会生发很多乐趣。

典型案例，拓宽思路。宇丹和一聪老师会根据各位老师即将驻校的学校情况生动剖析，建言献策，并罗列有针对性的案例，供大家学习借鉴。在分组研讨与合作交流中，大家将自己代入角色、代入情境，引发进一步思考，并与同伴智慧共享，受益匪浅。

情景模拟，畅所欲言。我们10位内师分成5个小组，或进行情境演绎，或进行案例分析……短短几分钟的准备，却有着高度的默契。在各组交上精彩答卷之后，宇丹和一聪老师分别做了提纲挈领式的睿智点评，将案例思考提升到一个更高的层次，引发高阶思考和全面解读，让我们有了异地文化的认同意识，有了合作交流的理性认识，对接下来要面对的复杂情况也有了一些心理准备。

每次培训结束，宇丹老师总会抛出支援策略与锦囊妙计：知己知彼、热诚开放、互相尊重、专业引领、灵活变通……典型案例佐证，锦囊妙计傍身，在轻松的氛围中我们对香港小学的教育教学情况有了进一步的了解。

感悟二：定位，决定作为

作为一名教研员，我长期从事校本教研和教师工作坊的策划和指导工作，这种新颖的小班化研讨，让我受益匪浅。鸡蛋从内部打破是生命，从外部打破是食物，教师的专业发展需要自我反思、同伴互助、专家引领。

一有目标：先做学生，后做先生；智者察同，愚者察异。香港学校办学形式多元，因此我们的工作一定要克服盲目性，和支援学校老师的第一次见面要开好头，起好步；要积极主动，平和心态，本着尊重的原则和大家一起研究，注意沟通；重视每一次活动，做到三个坚持，即坚持主题鲜明、坚持内容精当、坚持形式多元。

二有策略：换位思考，多元指导。每个学校都有自己的个性特征，因此共同备课时既要胸有全局，也要关注个体。可以私下和统筹主任商讨，安排一名骨干教师重点备课、重点发言，其他老师相互补充。单元备课也要多多研究学校的个性化特征，可以模拟教学情境，让大家畅所欲言，在思维碰撞中优化教学设计。

三有聚焦：切片分析，给予指导。许多老师要么忙于日常的教学，要么忙于处理教学中的相关事务，对学生的阅读、写作重视不够。通过集体备课、年级观课（观议结合）、示范引领、专题总结等方式可以发现问题，解决问题，不断进步。

四有重点：个案交流，鼓励为主。教育是一门科学，更是一门艺术。我们要根据驻校的实际情况建言献策，要坚持按需支援，务求实效。例如，在进行单元设计时，要明确单元学习重点，做好教材安排、教学策略及教学活动设计，选择恰当的评估方法；主要负责老师说明单元设计的理念，各班老师根据各班情况及预期的学习难点，共同探索优化单元设计的方法。施教过程中根据各班情况做适时调整，可考虑安排观课，以了解单元落实情况。课后反思教学成效，共同总结优化单元教学设计的方法。

参与式的培训注重激发和调动参与人员的积极性，这就要求我们，培训前，要做好充分准备，对培训目的、课程、资料、场地等做到心中有数；培训中，要展开专业交流，建立常规机制，促进专业对话；培训后，要积极跟进，拟定行动方案。

感悟三：思路，决定出路

培训和学习，让我们领略了香港同行精湛的讲课艺术，增进了彼此的友谊。驻校工作任重道远，我对接的两所学校规模不小，前期也有交流老师去支援，因此我要注重工作的连续性和创新性，在尊重、协商的基础上把接下来的交流与协作工作做好：（1）加强对《课程指引》的学习和研读；（2）认真阅读学校的项目计划书，思考有效的策略和方法，做好和统筹主任的对接。打铁仍需自身硬，加强学习和沟通，注重总结和提升，相信我们一定能愉快地度过这一年。

思考、忙碌、充实，实践、努力、收获。我们语文组的10位老师深深感受到，我们的每一分钟工作，都会产生价值；我们的每一次努力，都会让教育增值。于是，我们都鼓着一股劲：秉承专业精神，传播教研理念，和香港教师在交流协作中共同进步！

第二辑　协作教学

　　缘分，让我走进香港圣公会圣十架小学和天主教总堂区学校，交流彼此的思想，亲近彼此的文化，增进彼此的了解。在繁忙的驻校工作中，我渐渐融入香港的教育和香港的学校。研读香港中文科教材，适时引进义务教育小学语文教科书编写理念，开展集体备课，通过观课议课展开专业对话……协作教学的每一天，我都体验着紧张的节奏，交流协作的日子，每一分钟都蓄势待发。

　　点点滴滴，如诗如歌……

创境激趣　解读成语
——《"闻鸡起舞"和"井底之蛙"》教学设计

【设计意图】

成语是中国特有的语言形式，见证了中华五千年汉语文化的发展变化，承载了中华民族的文化精髓。成语精炼，生动形象，贴合四年级学生在语言学习和精神成长方面的认知实际。

教学时应注重点面结合，在情境中学习"闻鸡起舞"和"井底之蛙"的故事，了解成语的含义，掌握学习成语的基本方法。

【教材解析】

《学好中国语文》四年级上册第一单元"趣味成语廊"安排了四篇课文，旨在引导学生通过阅读"闻鸡起舞""井底之蛙""推己及人""自相矛盾""熟能生巧""画龙点睛"六个成语故事，激发学习成语的浓厚兴趣，进而感悟成语故事背后蕴含的深刻寓意。这一单元的课文编排凸显了香港小学语文教材注重感性和生活化的特点。教材遵循学生认知规律，将六个成语的学习分成精读—略读—自读课型层层推进，按照形成（简洁精炼用成语）—澄清（学习成语要谨慎）—应用及反思（学用成语见成绩）三个梯度编排内容，循序渐进。

【教学目标】

1.在情境中学成语，提高学生学习的兴趣。

2.整合信息，引导学生感受成语的本义和引申义，在民间成语故事阅读中丰富词汇。

【教学重难点】

学生通过情境对话，了解成语出处，知本义，明寓意，在自读自悟的学习中逐步理解成语的意思，同时了解成语有褒贬，妙用成语可以更好地表达。

【教学过程】

一、教学导入：以课题为着眼点，初步了解内涵

（一）课前热身，交流感受

1.观察课文中的四幅插图，联系实际引发思考：你每天早晨是怎么被叫醒的？

2.学生自由发言。

（二）自主研读，产生兴趣

1.出示课题，请同学们大胆猜测两个成语的含义。

2.请同学们用一双敏锐的眼睛去发现课文字词句段、标点符号、修辞手法上的特点，并且将自己的发现变成课堂上学习的起点和着眼点。

（三）思维碰撞，尝试理解

1.学生自由阅读文中"公鸡"和"青蛙"的对话，读出相应的语气。

2.学生分组朗读课文，初步了解成语的含义。

理解"闻鸡起舞"的含义。从"听到鸡啼就跳舞"的不正确理解到大致知道这个成语原来是出自西晋的历史故事。

二、教学推进：以语言为突破口，体会言语意趣

（一）紧扣课文内容，产生思维碰撞

1.读一读文中的对话，注意人物的动作、语气，体会人物的内心。

2.品一品关键的语句，了解《闻鸡起舞》历史故事的梗概。

（二）深入文本细读，发现成语含义

1.学生全身心参与学习，在游戏情境中走进文本，在层层推进的阅读中，思考"闻鸡起舞"成语的本义，寻找答案。

2.举一反三，寻找"井底之蛙"的意思。

三、教学深入：以情节为线索，关注引申含义

1.细读文本，知道"闻鸡起舞"和"井底之蛙"的出处。

2.角色代入，情境对话，展开联想，品读感悟。

（1）分角色朗读，开展体验性学习，以读促思，加深理解。

"闻鸡起舞"指有抱负的两个年轻人祖逖和刘琨为了报效祖国，勤学苦练，半夜听到鸡啼便起床舞剑，比喻有志者及时奋发努力。

"井底之蛙"比喻见识浅薄的人。

（2）学生对成语有了初步认识后，再丰富成语迁移运用的形式。

四、揭示主旨：关注创作背景，发现写作特点

1.激趣思考：引导学生边阅读边思考，发现成语和名人的关系，发现成语借物喻人的特点。

2.学以致用：让学生分组交流学习收获，练习用两个成语进行自由表达，加深记忆。

【教学反思】

课文常常不是直白地将成语的意思说出来，而是通过人物对话的故事情境一波三折，让"闻鸡起舞""井底之蛙"的含义自然水落石出，符合四年级学

生的年龄特征。为了调动学生学习的积极性，使学生能够触摸到经典成语故事作品的语言特色，教学中我们注重角色代入，创设情境，以读为本，层层推进。

联系生活实际引出故事，贴合学生生活实际，自然有趣，难度不大。"闻鸡起舞"的教学侧重分角色朗读，关注提示语，在对话的朗读中感受成语的含义，发现语言背后的意思；"井底之蛙"适合体验性教学，指导学生移情体验、角色代入感受两个不同的人物，通过青蛙和公鸡的对话，感受角度不同、眼界不同的结论。

用不同的阅读指导方式带领学生快速走进成语，教师不再像以往那样，抓住一句话两句话或者只言片语断章取义，学生学习成语也不再索然无味，只见树木不见森林，造成对文本的曲解或者误读。结构主义认为，事物的真正本质不在于事物本身，而在于我们在各种事物之间的构造，然后又在它们之间感觉到的那种关系。因此，我们要关注学生的起点，师生、生生积极互动，使成语学习契合儿童的经验和想象，使教学相得益彰，生动有趣。

"学以致用"的有益尝试

——"趣味成语廊"主题单元拓展课教学设计

【设计意图】

单元拓展课是"趣味成语廊"这一单元课内阅读的补充和延伸，也是培养学生阅读兴趣的重要手段。学生的阅读缺少深度，作文语言干涩，平淡无味，原因是学生阅读的量不够，积累的词汇量少，特别是没有形成积累成语的习惯，更没有掌握积累成语的方法。为了帮助学生积累丰富的成语，提高运用成语的能力，教师要有意识地培养学生积累成语。

经过训练，大部分学生在收集成语过程中，深入了解了成语的实质内涵，把握了成语故事中蕴涵的丰富的人文精神，从而能够正确自然地在写作中运用成语。单元拓展课注重学以致用，重点引导学生在积累成语的同时温故知新，让学生在活动中感受积累的快乐、感受学习的成就感，从而激发学生更高的学习热情，积极投入下一阶段的成语积累中去。

【教学目标】

1.激发学生积累成语的兴趣，引导学生坚持不懈地积累成语，运用成语。

2.通过积累成语让学生深入了解祖国文化，从而热爱祖国文化。

3.培养学生自主、合作、探究的学习方式。

【教学重难点】

正确理解和使用成语。

【活动形式】

成语竞猜、成语接龙、成语典故、赏析成语、成语运用（妙用成语好表达）。

【课前准备】

1.让每个学生备一本成语词典。

2.让学生自由组成四人小组。

【教学过程】

总结归纳——回顾知识，鉴别赏析

1.回顾本单元的成语，找出它们的相同点和不同点。

学习内容	相同点	不同点
闻鸡起舞		
井底之蛙		
推己及人		
自相矛盾		
熟能生巧		
画龙点睛		

2.总结特点。读一读，想一想：这些成语运用了什么修辞手法？

3.看看这些成语在表达意思的方式上有什么特点。（同桌讨论）

4.读一读，说一说。

画龙点睛　　亡羊补牢　　惊弓之鸟　　狐假虎威

学生猜测成语的意思。

小结过渡：我们中华民族真是个充满智慧的民族，祖先们把自己积累下来的经验教训都浓缩在一个个耐人寻味的小故事中，不仅如此，有些成语，从字面上就已经直接告诉了我们做人、做事的道理。

迁移比较——小组合作，头脑风暴

整理分类：

1.设计一张成语寻宝图。

2.小组讨论，教师参与其中，适时指导。

3.汇报交流，赏析成语，进一步理解成语意思。

（1）了解成语的特点和来源。

学生分组汇报。

预设一：学生发现成语的字数有所不同。

小结：不管是几字成语，一旦形成，就固定不变。

预设二：成语从古代流传下来。

小结：历史悠久。

预设三：很多寓言、神话故事都是成语。

小结：含义深刻。

（2）各小组展示成果，互动评价，加深理解。

学以致用——回归生活，直观感受

1.请同学们结合自己的生活和学习，选出自己最喜欢的成语送给同学。

描写勤奋学习的成语，你会想到哪些？

描写两个人之间友谊始终如一的成语，你会想到哪些？

描写技术娴熟的成语，你会想到哪些？

2.拓展训练：情境创设——成语知褒贬（用线连一连），选择成语填一填。

3.延伸阅读：推荐阅读和成语有关的图书。

小结归纳：要想获得丰富的成语积累，平时就要多看书、多观察、多听、多想和多运用。

【教后反思】

根据校本课题"实践'单元整体，读写一体'理念，提升学生写作能力"的研究思路，教学中建议教师充分创设情境，让学生通过读一读对话、演一演角色，在情境体验中提高思辨能力，同时让学生联系生活用一用学到的成语，改变过分关注分析讲解成语的形式，而是关注学生的思维训练，较好地培养学生口头和文字表达能力。单元拓展课教学，从生命成长的角度，用动态生成的目光，整体建构延伸课堂教学，使学生无论是在单课学习中，还是在拓展延伸的活动中，都既有点的聚焦，又有面的拓展交流，形成一个浸润在文化中的开放的成语学习课堂，学生兴趣盎然，学到的都是有用的语言。

读中悟法　仿中求创

——以《木棉花开》为例谈观察习作的写作路径

《木棉花开》是《学好中国语文》四年级上册（二）第二单元"生活细观察"里的一篇文章。教学这篇文章，重在引导学生发现文中的多感官观察，感悟文中的细致观察，分析文中运用的修辞手法，理解文中的联想。在阅读中，要"知其然"，更要"知其所以然"。

一、抓住时序主线，感受景物特点变化

同一景物，随着季节的变化，其方方面面的特点也会大不相同，也正因如此，景物才会呈现给人更多的视觉感受。《木棉花开》以时间顺序串联起了整篇课文，从"三月的时候"写到"春寒料峭之后"，再从"已经开始掉落"写到"木棉花终于落尽了"，将木棉花"发芽—开放—凋落"这一生命过程所表现出来的不同特点一一尽述。本文中作者主要通过观察写出了木棉花颜色前后变化呈现出的不同美感。除了这种方法之外，为了更全面地呈现景物的不同特点，还可以借助多种感官综合感受。譬如我们写玫瑰花，除了借助视觉观察其颜色之娇美，还可以用鼻子去闻一闻其沁透心脾的馥郁香味，或者用手去摸一摸感受其如绒布一样的质感。多种感官的运用，使我们对于玫瑰花各方面特点的认识十分具体、丰富，然后再将我们获得的真实感受借助文字记述下来，我们眼中所见到的玫瑰花便是惹人喜爱的美好景物。

二、品读情态变化，体味动静结合之妙

多数情况下，自然景物呈现出来的情态是沉静的，因而文中对于木棉花颜色、形态的描写多是静态描写。然而，作者同时也采用动态描写的方法来呈现木棉花凋谢落地的情形，虽然只有简单的四个短句"趴搭！掉下一朵。趴搭！又掉下一朵……"，但我们足可以从句段的节奏以及使用的两个感叹号上感受到木棉花的质感，从而更好地表现出木棉花即使凋落也依旧"连着花托、完好"的特点。因此，在描写某种景物特点的时候，我们不妨采用"动静结合"的方式进行描写，既要细致观察它静态时的样子，又要将其处于不断运动变化时的特点表现出来，做到动静结合，这样就可以更为具体、客观地写出景物的有趣特点，从而激发读者的阅读兴趣。

三、赏析修辞技巧，构建情景密切关联

文中的木棉花之所以能够让我们读着读着就情不自禁地生发了喜爱之情，并非是作者用多么抒情的语言点燃了我们心中爱的情愫，而是作者在描写木棉花盛放时大量运用了比喻、拟人、夸张等修辞手法，不仅让我们对木棉花开放时的颜色之美、样子之趣、数量之多等特点有了清晰的感知，同时，也赋予了本无情感的木棉花人一样的意趣，巧妙地实现了写实与想象的完美结合，让读者在品读的过程中不由自主就融入文章所描述的画面中，与作者产生情感共鸣。因此，为了更好地表现我们对于某种景物的喜爱、赞美之情，写作文时我们除了恰当运用直接表达自己喜爱之情的句子外，还可以合理运用各种修辞方法，这样不仅可以让句子变得生动有趣，还可以营造出强烈、真实的画面感，给人更多的想象空间，并在此过程中自然唤醒读者对景物的喜爱之情。

为了更好地呈现出景物特点，除了上述三个方面之外，还可以从不同角度对事物进行观察，如文中对于木棉花的样子、颜色等特点的观察，既有远距离观看，又有近距离细赏，因而获得的感受也是大不相同的。另外，作者还注重详略安排，将对木棉花盛开过程中颜色、形状的描摹作为文章的重点

内容，让我们对于木棉花美的印象尤为深刻。所以，我们在写作文时也要抓住景物最让人印象深刻的一两个特点或某个生命过程进行细致描写，这样才能体现出文章的重心，有效避开通篇平铺直叙且枯燥乏味的问题。

"描摹同龄人"主题单元教学设计节选

文中有我　读写迁移

——《金牌背后的汗水和泪水》教学设计

【设计意图】

围绕"金牌背后为什么会有汗水和泪水"这个核心问题，引导学生读中品悟，悟中仿写，移情体验，感受人物形象，进而提升思维品质和阅读能力。

【教材解析】

《学好中国语文》四年级上册（二）第四单元"描摹同龄人"安排了《"红色旋风"——刘翔》《金牌背后的汗水和泪水》《见义勇为的帆船选手》三篇课文，让学生通过阅读不同人物的故事，感受人物形象和精神。其中，《金牌背后的汗水和泪水》介绍了"亚洲车神"黄金宝成功背后的付出和努力，展现了运动员不屈不挠的体育精神。

【教学目标】

1.辨析近义词：获得、取得、赢得，艰巨、艰难。了解词语的感情色彩：枯燥、单调、荣耀、骄傲。理解四字词语的含义：翻山越岭。

2.通过品读课文，体会数字在课文中的作用，了解黄金宝付出的汗水和泪水。

3.运用六何分析法①概括文意，尝试运用评价语表达自己的感受和想法，学习人物坚韧不拔的毅力。

【教学重难点】

教学重点：运用六何分析法概括文意。

教学难点：创设情境，体会数字在课文中的作用，仿写练笔。

【课前预习】

1.查阅资料，大致了解有关自行车比赛的相关知识。

2.提前读课文，掌握生字、生词。

【课时安排】

三课时。

第一课时：初读课文，梳理脉络，正音识字。

了解自行车比赛的特点和文章的段落大意，知道文章写了一件什么事，并了解近义词的特点，知道词语的褒贬色彩。

第二课时：复习六何分析法，以读促悟，仿写练笔。

第三课时：强化巩固，练习朗读；整体回顾，适当评价。如"你佩服黄金宝吗？和同学们说说原因"。

---

① 六何分析法是一种思考方法，也可以说是一种创造技法，主要是指对选定的项目、工序或操作，都要从时间（何时）、地点（何地）、人员（何人）、对象（何事）、原因（何因）、结果（何果）等六个方面提出问题进行思考。

【教学过程】

第一课时

一、创设情境导入，激发学习兴趣

由词语导入，初识"金牌"。

1.出示词语：金牌。请学生读准词语，并联系生活说一说：你觉得什么是金牌？

2.在"金牌"这个词语后面加一个"背后"，你想到了什么？

3.在"金牌背后"要付出哪些汗水和泪水呢？让我们走进课文去看看吧！

【设计意图】联系生活，让学生初步认知金牌是什么，为什么金牌背后有汗水和泪水，激发学生的阅读探索兴趣。

二、在情境中学字词，融入积极因素

分类学词语：

获得　取得　赢得　艰巨　艰难

枯燥　单调　荣耀　骄傲

翻山越岭

（1）第一排是近义词，请联系生活来学习。

（2）读第二排词语，说说这一排都是什么词语？（褒义词，贬义词）

（3）理解"翻山越岭"的含义。

三、在情境中阅读，整体感知内容

1.请同学们自由读课文，找一找：这个故事发生在何时？故事中的主人公说了什么？做了什么事情？

2.学生读后交流。根据学生的交流，适时出示表格，梳理"六何"。

何时	何地	何人	何事	何因	何果

3.请学生简单复述这篇课文的内容。

四、在情境中写字词，指导书写

1.教师出示要书写的生字词，同学们交流这些字词怎么记，有哪些书写困难。

2.教师范写难写的字，学生书写，反馈。

第二课时

课前热身：互动游戏，了解学习贵在得法。

一、创设情境，谈话导入

1.复习旧知，积累词语。

出示刘翔图片，提问学生：你能用什么词语夸夸"红色旋风"——刘翔。

（学生能谈到人物精神更好）

2.出示图片，简单交流。

过渡谈话：令人尊敬的香港体育人——黄金宝。（出示人物图片，简单交流）

二、自由朗读，梳理脉络

学生自由朗读课文，完成工作纸。

1.出示关于文章大意的工作纸，用六何分析法梳理文脉。

2.完成对文章的梳理（何时、何地、何人、何事、何因、何果）。

三、过渡学习，体会黄金宝的话语

语言：下届运动会，我要夺取金牌！（指名读）

行动：精读第二段，感悟"汗水"。

1.学生自读第二段，完成任务：画出感受较深的句子，圈一圈印象深刻的词语。

2.学习分享，指导朗读。

（1）重点品读、体会"训练苦"和"训练难"。

（2）你是怎么做的？（读书的方法和要求：不动笔墨不读书）

默读静思—聚焦词句—读书品味—情境创设—读出感受

【设计意图】采用角色扮演和联系生活的方式，体会黄金宝的行为，探究其背后的含义。

四、仿说片段，适时迁移

小练笔：说一说、写一写自己的（或准备的）付出，用数字来表现奋斗的艰辛。

学习方法：会读书、会思考、会表达。

第三课时

一、情境再现，体会汗水的含义

1.再读课文，争取读得流利有感情。

2.交流发言：说说什么是真正的勇敢。

二、延伸情境作业，巩固重点知识

整体回顾，适当评价。想一想：你认为汗水是什么？

仿照课本中的图画和语言，试着画一画、写一写。

学生自主创作，教师鼓励学生反馈。

你佩服黄金宝吗？和同学们说说原因。

汗水,是＿＿＿＿＿＿＿＿＿＿＿＿

【教后反思】

2019年10月28日，我在圣公会圣十架小学开展第一次公开教学。此次公开课是校本课题推进中的一次教学研讨，就如何充分利用教材，指导学生读写结合，我在教学前后，做了以下几个方面的工作：

第一，课前准备。

深入课堂了解学情是深入推进课题研究的具体抓手。课前的预习热身活动准备：10月14日上午第三节课，开展四年级的集体备课活动，共同研讨如何根据单元目标设计《金牌背后的汗水和泪水》的教学。

10月25日，第一节课和学生见面，互相认识，指导学生读书，开展热身活动。之后研读教材，准备电子简报，精心设计教学过程，了解学情。

10月28日上午第二、三节课，在学校统筹主任莫昭文老师的大力支持下，由我执教公开课"金牌背后的汗水和泪水"（第二课时）。香港教育局语文教学支援组宇丹老师，圣公会圣十架小学陈校长、课程主任以及中文科15位老师前来观课。

第二，课堂反馈。

课后宇丹老师、陈校长、莫老师及四年级的中文科老师进行评课，他们一致认为执教老师基本功扎实，教学设计层层推进，照顾学生的学习多样性，同时能够发现教材中的写作点，并结合经典小群文在教学中的运用，精心设计听、说、读、写的学习活动。在学生初读课文的基础上，老师逐步引领学生关注黄金宝四年来每天坚持训练的时间词语，并联系生活，运用课文中的词语写出班级中同学坚持练琴的付出，为学生写作提供示范。最后，以古诗引领学生欣赏中国文学的美，进而明白，只有付出汗水，才能获得成功。

以激发情感为动因，创设情境，走进"冠军"。在教学中通过创设情境，引导学生入情——结合图文阅读，引起情感共鸣；促使学生动情——联系生活经验，设身处地感受；引导学生巧妙移情——表达自我体验，学会直接抒情。本节课集中分析"汗水"，先是通过两段影片（一个是刮八号烈风的场景，一个是坚持训练的场景），让学生了解黄金宝训练时的艰苦，然后让学生联系生活谈谈自己的感受，带动全班学生的情感，最后再投射到课文主角身上，减少烦琐的分析，让学生自然走进冠军的内心世界。

以语言训练为手段，品味研读，感受"艰辛"。《金牌背后的汗水和泪水》重点围绕"汗水"进行描写，"为什么会取得金牌"是文章学习的难点。教学中老师要引导学生"一画"，即画出文中关键语句；"二圈"，即圈出句中重点词语；"三写"，即确定一个角度写下自己的感受；"四评"，即读一读写好的感受，写一写自评。依照这样的步骤引导学生开展层层递进的读书活动，学生自然而然能够感受到冠军来之不易。

学生学习情况如何？学生学会了学习中文课的技能，会读书，会思考。在态度上，学生在老师的引领下，学会了欣赏这位金牌获得者所付出的汗水；在学习效果上，课堂气氛活跃，学生积极主动参与，效果不错。影片的运用，让学生的学习更具体，能照顾不同学习风格的学生。此外，老师还对能力稍逊的学生给予个别照顾，关注每个学生的学习进度；就学生的回答作出正面而具体的反馈，如"语言很丰富""说话很完整""表达很清晰"；通过及时的引导和评价，让学生参与讨论交流；分层设计导学单，照顾不同学生的学习状态。

第三，课后跟进。

课堂上，我根据孩子们的学习状态不断调整教学，根据学校"单元整体，读写一体"的课题理念，适时进行经典小群文的链接，开展经典词串、语串和小群文阅读活动，将听、说、读、写有机结合，让写作成为学生表达生活的需要，逐步提高学生阅读写作的兴趣和写作质量。为了进一步指导学生写作，我撰写了一篇下水文做具体示范，指导学生结合生活实际进行仿写训练。通过示范课教学，学生不仅积累了语言，还习得了方法。

公开教学的直观示范，让协作老师明晰了"聚焦重点、读中感悟""以读促写、读写结合"的教学思路，大家对我的教学设计和课堂呈现给予充分肯定，也为我们下一步推进中文科教学鼓足了信心。孩子们热情地邀请我下次再给他们上课。

"教然后知不足"，观课议课让我知道仍需改进和优化的地方还有不少，例如，圣公会圣十架小学4D班学生的中文基础参差不齐，老师给予孩子们思考和交流的时间还可以多一点，朗读指导策略可以再丰富一点，等等。

描摹同龄人　人物留记忆

——以写人习作"我的同伴"谈读写融合的教学策略

【设计意图】

习作教学是支援工作的难点，本学期的校本教研围绕"单元整体，读写一体"的理念，注重引导教师改变教法，关注单元里的课文，做到举一反三，学以致用，教给学生习作方法，培养学生的习作兴趣和良好的学习习惯。

《义务教育语文课程标准》（2011年版）指出，语文是工具性与人文性统一的学科。香港《课程指引》也指出，语文是一门具有很强的工具性、思想性、综合性的基础学科。语文课堂品质提升的关键，在于通过语文课堂各要素、各环节的优化和打造，提高学生的人文素养和综合素质，促进学生全面发展。

【教材解析】

在生活和学习中，我们会遇到形形色色的人，有关爱我们的长辈，有相伴的同学，有亲密的好友，当然也有路过的陌生人。《学好中国语文》四年级上册（二）第四单元结合六何分析法进行了一次写人的习作训练。鉴于学生的生活经验有限，习作的范围确定为写"我"的同伴，确保学生有话可说。完成这篇习作看似不难，但要写好还需要从文本中去发现写好人物的方法。

【教学过程】

锦囊一：写外貌，抓长相

写人离不开写外貌。人物的外貌往往是留给他人的第一印象。怎样准确写出人物的外貌呢？指导学生用心阅读课文，仔细观察文中插图，并适时拓展阅读三位名人的故事，不难发现，写好人物有一个很重要的技巧。

奥运冠军刘翔是这样的：一个不会说屈服的人，一个永不止步的人，目光坚定、炯炯有神，他不会掩饰他的兴奋，红色旋风般冲线夺冠的一刹那，将永远留在人们的脑海中。

"亚洲车神"黄金宝是这样的：1994年广岛亚运会上，黄金宝只得到自行车比赛的第四名，当时他对记者说："下届亚运会，我要夺取金牌！"坚定的语气、倔强的眼神，透露着一股不服输的精神。他话语不多，高高的鼻子，厚厚的嘴唇，无论是刮风还是下雨，甚至是悬挂八号风球，他也坚持训练。

加拿大籍帆船运动员勒米厄是这样的："救助在海上遇险的人，是帆船运动的第一项守则。"他眉头紧锁，眼睛瞪得圆圆的，轻描淡写地说。可每当他人遇险，他总是顾不得喘气，奋勇抢救遇险者，他是一名见义勇为的帆船运动员。

俗话说，眼睛是心灵的窗户。对于这三位体育健儿，文章都写了他们外貌的哪一部位？答案很明确，那就是眼神。所以，描绘人物外貌的时候大家都喜欢写眼睛。同时，描绘人物外貌的时候，还可以怎么表达？如果把描写三位体育健儿外貌的句子摆在一起，大家应该能发现规律：部位前面（或后面）加上特点。具体方法如下：

用上特点修饰语，如雪白的肌肤、大眼睛、高鼻子……

用上打比方的修饰语，如杏子眼、樱桃嘴……

用上叠词，如嘴唇厚厚的……

这时候，我们可以引导学生再次读一读课文，引导学生在描写同学外貌的时候，先在脑海中整体定格，然后重点突出某个部分的特点，这样就容易写出他（她）的模样特征了。

锦囊二：写事例，显个性

1.写人，离不开写事。

写人物自然少不了要写发生的难忘的事情，因为这些事情往往能够体现人物的性格特点，给人留下特别的印象。《红色旋风——刘翔》描述了刘翔在雅典奥运会的精彩表现，一个不一样的刘翔就跃然纸上。再看看《金牌背后的汗水和泪水》，作者写了黄金宝在1994年广岛亚运会上的表现和2008年赢得世界杯场地自行车赛冠军，获得"亚洲车神"的美誉。透过文章的字里行间，人物的投入和坚持可见一斑，学生能真实感受到金牌背后的艰辛和努力。《见义勇为的帆船选手》的写法也是一样的，1988年汉城奥运会上劳伦斯·勒米厄奋勇抢救新加坡两名运动员的一幕感人至深。

2.写事，更重在写人。

特别要注意的是，自己和同伴之间，同伴是主角，应以对方为主，同伴的语言、动作、神态，以及周围人对他（她）的评价，都值得展开详细写。《金牌背后的汗水和泪水》一文，就特别注重通过正面和侧面描写，反映人物的性格特点。如在1994年广岛亚运会上，黄金宝对记者说："下届亚运会，我要夺取金牌！"当知道黄金宝赛前为怕影响训练计划而不说明父亲病故时，教练几乎掉下眼泪，激动地说："这种投入的程度，让我震撼！"2008年，黄金宝为北京奥运圣火香港站传递最后一棒，他对记者说："这是我作为一名运动员的荣耀和骄傲！"言为心声，寥寥数语，人物的形象跃然纸上。

3.写人物，别忽略品质特征。

描绘人物不能忽略人物的品质特征。本单元的三篇课文里，人物有明显特征，这些特征也有很大的相似点：

刘翔：红色旋风——速度快。

黄金宝：亚洲车神——坚持努力，了不起。

勒米厄：见义勇为——品质高尚。

锦囊三：写人物，巧模仿

1.活跃思维，建构框架图。

（1）主动思考：同伴的主要特征在哪里。把想要描述的同伴的照片或图片贴于空格内。从外貌和性格两个方面考虑，完成框架图。

```
      ┌─────────────┐              ┌─────────────┐
      │  外貌、感受  │              │  性情/性格  │
      └─────────────┘              └─────────────┘
                 ╲                  ╱
                  ┌─────────────┐
                  │   我的同伴   │
                  └─────────────┘
                 ╱                  ╲
      ┌─────────────┐              ┌─────────────┐
      │ 突出事情特点 │              │    感受     │
      └─────────────┘              └─────────────┘
```

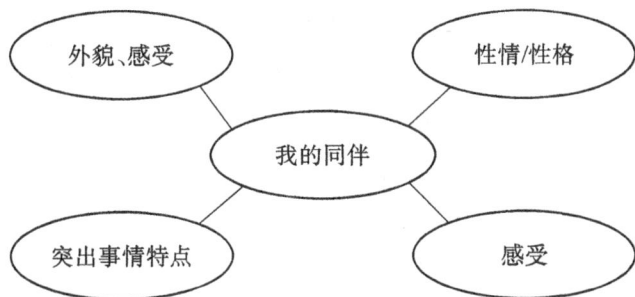

（2）确定题目：可以直接用人名，如"红色旋风——刘翔"；可以在人名前加上特点，如"好学的刘小毛""机灵的小嘎子"；可以用上夸奖的词语，如"李航，真棒""最让我敬佩的学习委员"……

2.范文引领，迁移运用。

<table>
<tr><td>

我最欣赏的老师

  长长的睫毛加上一双水汪汪的大眼睛，一个小小的鼻子下面长着一个樱桃小嘴，笑起来可清楚地看见一排雪白的牙齿，笑容非常迷人。没错！她就是我最尊敬的老师——王老师！一个既善解人意又严格的老师。

  记得有一次，我正在写作文，"哎……一开始作文就有一大堆字不会写，要不要去问老师呢？"我苦恼地自言自语，东张西望，心里非常焦急。突然，一只温暖的手碰了我一下，我回头一看，原来是王老师，她仿佛看出了我的心思，微微地向我笑了一下，那个笑容是多么温柔。之后王老师对我说："有什么事吗？不用怕！直接说出来。"后来，我在王老师的帮助下，顺利地完成了作文。

</td></tr>
</table>

➡ 第一段：圈出描写人物外貌及性格特征的词语。

➡ 第二段：画出反映人物性格特征的语句。

王老师虽然很善解人意，但她也有严格的一面。记得有一次，同学们在教室里大吵大闹，王老师严肃地说："在教室大吵大闹是不对的，难道你们不知道要自律吗？"这时，教室突然变得鸦雀无声，王老师继续说："教室是用来学习的，不是大吵大闹的地方！身为学生就应该认真听课，好好学习！"王老师这番话让我十分佩服，我一定要向她学习。

王老师常常鼓励我，让我感到很温暖，她是我最尊敬的老师，是我的榜样。我会努力读书，不让她失望。我希望升入四年级后，她能继续教导我。

➡ 第三段：画出反映人物性格特征的语句。

➡ 第四段：圈出"我"的真实感受。

3.观察伙伴，自主写作。

4.初步成稿，逐步修改。

【教后反思】

本单元三篇课文都是描绘身边的名人，包含着真挚的情感，其中运用的写人方法，自有规律性。"读中仿写，读写结合"是本单元的教学思路。集体备课时我指导老师们将三篇课文形成小群文一起比较，通过学法—知法—用法三个步骤帮助学生梳理出写人的基本方法（写作小锦囊）。教学有法，教无定法，贵在得法，学以致用。读写结合，让圣公会圣十架小学四年级老师和学生面对习作教学不再望而生畏，同时降低了习作难度，提高了学生的语言表达能力。

"预测巧运用"主题单元教学设计节选

预测，让文字带上魔力
——《奇特的实验》教学设计

【背景分析】

复课之后的教学任务艰巨，学生行为习惯的矫正、学习兴趣的再度激发、学习方法的强化指导等接踵而来。为防止教学出现"夹生饭"的现象，我们既要关注学生的基础，坚持一课一得，又要注重训练学生的思维，提高其认知水平。

【设计意图】

预测，是一种阅读策略，是学生根据自己的经验与背景知识，通过阅读文本的线索，对文本内容、文本结构、情节发展等进行假设，并在阅读过程中寻找证据进行检验的一种阅读方法。预测，能充分调动学生的经验，发挥学生的想象，使其对文本产生极大的阅读期待，激发阅读兴趣，拉近与文本之间的距离。预测的过程实际上是一种思维品质和能力的培养过程。预测过程中，需要仔细分析文本，作出判断，进行推理。因此，教师要加强阅读方法指导，关注学生差异；加强语言实践，强调积累运用。在阅读实践过程中，鼓励学生大胆发表自己的见解，如我读到那儿就想到了什么。此外，还应注意听说读写的有机结合。

《学好中国语文》四年级下册（二）第十一单元选编了《奇特的实验》一文，旨在引导学生找出课文中的关键词语，推测故事内容；借助人物的语言和行为推测人物性格；观察课文插图，推测故事内容；根据情节发展验证内容，修正故事情节，并在推测和修正故事情节中，尝试运用联想和想象，以预测的方式感知预想内容的趣味。同时，通过课外延伸阅读，感受语言文字的魅力，提高对语文学习的兴趣。

【教材解析】

通过阅读本单元《奇特的实验》这一生动的故事，达成单元目标：预想内容有趣味，预想内容再修正。明确"预测""联想""想象"的区别。预测与推想，使我们的阅读之旅充满了乐趣，一边阅读一边预测，顺着故事情节去猜想，尝试改编或者续编故事。预测的途径有：看题目预测，根据文章内容预测，看图预测，联系生活预测，根据自己的心理预测。教师要指导学生运用这些方法学会预测，通过高阶思维训练，达成语言文字的训练目标。

【教学目标】

1.一边阅读一边预测，顺着故事情节去猜想；关注文章的内容和细节（语言、行为），提高分析判断推理能力。

2.学习预测的一些基本方法；抓题目、观插图，紧扣内容线索（关键词句、语言行为），让预测有依据。

3.运用想象和联想尝试改编故事。

根据各个班级学生中文科学习基础，合理取舍教学内容，基本流程如下：

第一步：整体感知，了解实验内容（让学生大胆猜想实验情节），了解文中字义和词义。

第二步：细读品味，总结方法，聚焦人物的语言和行为，推测情节的发展和变化。围绕课文题目、文中插图及文本内容线索，学会预测，做到预测有依据。可一边阅读一边预测，并修正自己的预测。教师可以提供一些实践活动。

第三步：拓展阅读，合理猜想；改编或续编故事。教师设计延伸阅读工作纸。

【教学过程】

第一板块：初读感知，大胆猜测

一、说一说，想一想

（1）看图激发学生思考。

（2）学生自主思考。

你做过哪些实验？哪一次实验让你觉得非常奇特？"奇特"的含义是什么？

【设计意图】创设学生熟悉的场景，激发学生思考，让学生观察图画并说一说，启动语言思维。

说话的要求：完整性、规范性。

"奇特"的理解关键在"奇"，有"不一样"的意思。

二、读一读，猜一猜

按顺序阅读课文，读到问题就猜一猜，把答案写下来，然后继续阅读，并检验你预测的内容和课文是否相同。

【设计意图】让学生自主阅读，激发学生自由思考。

第二板块：字词解码，正音识字

一、借助熟字猜测词语的意思

课后习题，学生能够独立完成的不要过多分析，要有重点地指导。

奇特　实验　机智（智慧）　诞生　顺利　如实（实际）

不假思索（思考，形容说话做事迅速）

二、借助加点字的形旁猜测字的意思

系着　灌水　雀跃　激动

【设计意图】让学生根据形声字形旁表义的特点猜测字的意思，感受形声字的趣味。可以分层提出要求：学生能力强的，运用词语说句话；学生能力稍逊的，认识词语，大致了解其意思即可。

第三板块：精读感悟，推测有据

第一个环节：梳理文章的内容。

第二个环节：围绕关键句品读课文。

1."奇特"：操场上，学生们正在进行一个＿＿＿＿的实验。（奇特、有趣、惊险、艰难）

2.为什么是"奇特"的实验？

3.理解描写女学生语言的词语（如实、机智、不假思索），感悟其性格。

【设计意图】学法总结，根据人物的外貌、言语和行为，推测人物的性格。

第四板块：对比感悟，延伸思考

一、想象说话

假如她遇到下面的情形，会怎样做？

假如你是那位女学生，又会怎样做？

猜测与推想，使我们的阅读之旅充满了乐趣。一边阅读一边预测，顺着故事情节去猜想。学习预测的一些基本方法，尝试改编或续编故事。

二、改编故事

延伸阅读，感知趣味。

改编的训练。

改编有两个注意点：

第一，假想自己就是主人，以主人的眼光看事物。这既是本单元要求的联想知识点训练，又是理解预测的最好方式。

第二，用适当的人称来写。可以用第一人称，即直接用"我"来叙述；也可以用第三人称。用第一人称的最大好处，就是可以直接表露自己的心情，行文更加顺畅。

【教后反思】

教材安排了一组以预测与猜想为主题的课文，旨在通过学习让学生一边阅读一边预测，顺着故事情节去猜想，培养学生正向思维能力。通过精读课文《奇特的实验》，让学生在阅读中掌握并运用预测的方法，让阅读之旅充满智慧和乐趣。

在阅读中学习预测方法，能够让学生对文本产生极大的阅读期待，激发浓厚的阅读兴趣，促进主动阅读，让学生超越文本去思考文字背后的含义，读懂作者没有告诉我们的信息。科学的预测，可以让课堂教学取得预期效果。以《奇特的实验》为例，指导协作教师开展教学，取得了较好的效果。

一、教学有意境

教学伊始，老师引导学生看图猜故事情节，图中的各类实验器材，让学生在头脑中产生各种联想，让教学变得扑朔迷离，生动有趣。接着，老师顺势导入，从猜测故事情节过渡到新知的引入，直观的课题提示点燃了学生想象的翅膀：实验为什么是"奇特"的？"奇特"在哪？大家兴趣盎然地走进了文本中，阅读兴趣浓厚。

二、预测有方法

学贵得法，在精读课文的学习中，学生深谙预测方法。新课教学前，回顾总结，引入教学，关注文中细节进行预测，如每一步的实验具体怎么做的，效果怎样。教材设计了新颖别致的口袋书，让学生一边阅读一边猜测，一边尝试写出每一步实验的结果。同时，可以和原文对比，知道预测还需有理有据。

三、续编有指导

三个学生的实验结果如何？"井里逃生"成功了没有？通过阅读课文，猜测思考，教育家出的这个具有挑战性的模拟实验迎刃而解。故事简单但是非常有趣，大家齐心协力，让掉进瓶里的小铅锤陆续出瓶。续编故事结尾，让智慧的火花在阅读中不断延伸。丰富有创意的预测以及关键词的引导，让学生练笔有法，言之有序。

通过"扶—引—放"层层递进的教学引导，预测单元教学，目标任务得到有效落实。

读、演、说、写，在情境中提升素养

——《鲍叔牙真心待友》教学设计

【设计意图】

《学好中国语文》四年级上册（一）第二单元《鲍叔牙真心待友》一课选自《史记》，讲述了管仲和鲍叔牙是一对从小就形影不离的好朋友，长大后鲍叔牙真心帮助、保护、扶持好朋友管仲，管仲十分感激。小故事，大道理。历史故事不能用教条的方法教给学生。利用历史故事进行教学，可以增加趣味性，帮助教学，同时，还可以锻炼学生的思维能力。利用历史故事进行教学，无须过多的分析，让学生以读书走入情境，以表演体会情境，以语言描绘情境，在读、演、说、写的综合训练中，自然提升语文素养。

【教材解析】

课文共有七个自然段，讲述了三个小故事。第一自然段简洁明了，共两句话，一句交代了管仲和鲍叔牙所处的时代；一句强调了他们"从小就是好朋友"，"整天形影不离"，为后面故事的展开作了一个必要的铺垫。第二至六自然段由三个小故事组成。第一个小故事是鲍叔牙和管仲合伙做生意，鲍叔牙知道管仲家境困难，于是自己出资，还把赚来的大部分钱给了管仲。第二个小故事是他俩一起当兵时，每次打仗，鲍叔牙都紧紧跟在管仲身边。遇到危险，鲍叔牙毫不犹豫地用自己的身体去保护管仲，以至受了伤。第三个小故事是他们在齐国做了官，管仲在鲍叔牙的支持下成功地进行了改革，鲍叔牙为了能让管仲充分发挥才干，毅然辞官回乡。其中第六自然段比较关键，这一段通过问答的方式，写出了鲍叔牙帮助管仲的原因，既是对前面事情的总结，又为下文的展开埋下了伏笔。

课文内容通俗易懂，三个小故事以对话的形式展开，人物的动作、神态也描写得十分传神。基于语用，我们不仅要教给学生语文知识，更重要的是传递价值观。教学中，老师以"什么是真正的朋友？鲍叔牙是个怎样的人？"为核心问题，让学生联系实际，从现实中选取同学之间友谊的例子，联系自身谈对待朋友的态度。教师的语言通俗易懂，学生积极思考，读故事、演故事、谈感受。教学本课就是要用语文的方式教导学生正确对待身边的朋友，传递正向价值观。

【教学过程】

第一板块：创设情境，整体感知

一、多元方式，导入新课

导入一：课前热身，利用成语词典查一查成语"管鲍之交"的意思。

导入从人物入手，教师板书词语"管鲍之交"，让学生说说"管"是谁，"鲍"是谁。教师可对管仲和鲍叔牙作一些必要的补充介绍。

接着可让学生说说对"交"字的理解，然后顺势出示课题：《鲍叔牙真心待友》。

导入二：可以从"朋友"谈起，让学生用"朋友"一词来说句话，交流自己对朋友的感受。

教师还可以在这个基础上用诗化的语言来提升，如：朋友是一首诗，朋友是一幅画，朋友是一杯酒，更是一本怎么读也读不完的书……然后导入课文学习。

二、自读课文，整体感知

先让学生自读课文，了解故事内容，然后教师检查指导。

三、字词教学，夯实基础

读准字音：管仲（zhòng）　鲍（bào）叔牙

　　　　　赚（zhuàn）钱　齐桓（huán）公

四、再读课文，举一反三

学习课文时，要注意词语的理解和积累。如理解了"形影不离"在文中形容鲍叔牙和管仲关系很好，经常互相伴随后，可以让学生再想想，还有哪些词语也是形容朋友之间关系密切的，如"情同手足""亲如兄弟""生死相随""休戚与共""肝胆相照""同舟共济"等，从而达到举一反三、积累词语的目的。

第二板块：细读体会，感悟形象

一、读一读——理清脉络

可以先让学生自读课文，然后教师检查指导；可以通过列小标题的方法把握课文主要内容。提醒学生列小标题要抓住要点，简明醒目，可以利用文中的词句概括，也可以用自己的话概括。一篇文章中小标题的形式要尽量保持一致。在明确要求的基础上，让学生先自己试编小标题，然后交流，评议后作修改。本课的小标题可以鲍叔牙作为主要人物来思考，如"做买卖帮管仲""打仗护管仲""辞官让管仲"。对比四个词语"为难""诚恳""难过""感慨"，体会人物的内心。

二、演一演——加深理解

在学生读通三个小故事后，可以让学生分角色朗读、情境式体验，在表演中体会人物的心理。表演可以同桌合作、小组合作，形式不拘。

三、说一说——口语表达

在读课文的基础上，让学生复述故事（三个故事中选一个来说或说三个都行），同时可以让学生说说对故事中人物的看法，通过读说推进理解的进程。

四、写一写——加深理解

读完故事，教师可以引导学生写一两句话，可以写自己学习课文后的想法，也可以写对人物的评价。

具体步骤：

1.展示目标，走近人物。

（1）重温成语"管鲍之交"的意思：比喻交情深厚的朋友。

（2）课文中有哪个词语是形容朋友之间关系亲密的？（形影不离）还有哪些词语可以形容朋友之间的亲密关系？教师出示词语：情同手足、亲如兄弟、肝胆相照、同舟共济。

2.走进文本，感受情谊。

情境创设，激发思考：播放管鲍之交的三个故事，然后请学生朗读相关文段，列出小标题。

3.角色扮演，移情体验。

（1）第一个故事。这个故事讲述鲍叔牙做生意帮管仲。

文章中哪个自然段讲述了鲍叔牙和管仲做生意的经历？鲍叔牙为什么愿意出钱和管仲做生意，而自己却只留下一小半的利润？

角色扮演展示对话内容，请同学尝试朗读对话。

（2）第二个故事。这个故事讲述鲍叔牙打仗护管仲。

文章中哪个自然段讲述了这个经历？当鲍叔牙受伤了，管仲有什么感受？管仲为什么会有这种感受？

角色扮演展示对话内容，请同学尝试朗读对话。

（3）第三个故事。这个故事讲述鲍叔牙辞官让管仲。

文章中哪个自然段讲述了这个经历？鲍叔牙为什么悄悄地走？

4.想象补白，随文练笔。

（1）假如鲍叔牙最后没有早死，如果你是管仲，你会对鲍叔牙说什么话？

（2）请学生先进行小组讨论，然后将想说的话写在作业纸上。

研读课文时可以围绕"鲍叔牙是如何真心对待管仲的？"这一主干问题展开，引导学生从人物的语言、动作、神态描写里去感受鲍叔牙对待管仲的那份真心，让学生理解鲍叔牙真心待友的可贵之处在于为了朋友不惜牺牲自己的利益。

第三板块：总结全文，复习巩固

教师应根据学生的情况安排教学内容，可以写词语，可以默书，也可以读写一体，模仿课文写"身边真心待友的小故事"，还可以进行适度的拓展阅读（推荐课外阅读《最好的朋友》）。

【教后反思】

本单元《鲍叔牙真心待友》的教学重在读中悟法、仿中求创、练中出新，在历史小故事的阅读中突出读写结合，体现循序渐进。本课教学，协作老师从模仿起步，仿句仿段仿篇，模仿中求变化。在教学中通过移花接木等形式，灵活运用表达方式和表现手法，提高学生的写作能力。同时，角色代入、补白想象等方式也取得了一定的效果。

情理交融　形神统一

——《这条小鱼在乎》教学设计

【教材解析】

《学好中国语文》四年级上册（二）第六单元围绕"漫步散文径"主题编排了四篇课文。《这条小鱼在乎》是叙事散文，说的是一个男人在沙滩看到一个小男孩拯救小鱼的故事，告诉我们做事不要计较付出，应尽力完成自己认为重要的事情；《海上的日出》是作家巴金的写景散文，写的是作者在船上观日出的情景，展示了大自然的奇妙之处，培养学生欣赏大自然的态度；《中国的牛》是状物散文，作者在田垄碰到牛队，牛队主动让路，启示我们学习中国牛沉默而坚韧的态度，脚踏实地做事才能成功；散文家林清玄的《和时间赛跑》综合了以上几种写作手法，说的是外祖母去世，作者和太阳赛跑，启示我们时间一去不复返，要珍惜时光。

【教学重点】

散文形散神聚，意蕴深邃，语言优美，一个字、一段话、一个细节、一缕情丝都能达到"形"与"神"的统一，牵一发而动全身。教学中，建议抓住重点，推进学习。散文都有自己的"文眼"，《这条小鱼在乎》中男孩的话值得关注，《海上的日出》中天空颜色的变化是行文线索，《中国的牛》中"我有特别的尊敬感情"，是点明主旨的中心句，《和时间赛跑》中"假若你一直和时间赛跑，你就可以成功"是文章的重点。

【教学思路】

单元整体设计，把握特点施教；聚焦重点品读，落实一课一得。

【教学策略】

拟用"131"策略施教，即学一组文章，按照"初读—细读—精读"三步骤展开阅读鉴赏，达成单元学习目标。

【单元目标】

1.辨识叙述、描写和抒情的表达方法。
2.运用联想和想象，欣赏作品中优美的语言和生动的形象。
3.鼓励学生观察生活中的所见所闻所思，尝试把见闻、感受和想象写出来，学以致用。

【课时目标】

1.学会本课生字，能借助字典和生活理解生字词的含义。
2.抓住文中关键词句，理解课文内容，感受小男孩的善良和对生命的关爱。
3.正确、流利、有感情地朗读课文，明白助人为乐的道理。

【教学重难点】

1.重点是整体感知课文，知道课文主要写了一件什么事。
2.难点是有感情地朗读课文，体会语言背后的含义，体会小男孩的爱心。

【课时安排】

三至四个课时。

【课前准备】

学生准备：

1.查阅资料，了解鱼儿为什么离不开水。

2.提前读课文，掌握生字词。

教师准备：

准备电子简报、工作纸，用平板电脑辅助教学（用表格梳理文脉、用词语巩固练习）。

准备课外阅读散文《花瓣飘香》。

【教学过程】

第一板块：初读课文，整体感知

一、创设情境，导入新课

1.出示图片，引发思考（你会怎么做？为什么？）

情境一：校园里，有同学摔倒，有同学遇到困难愁眉不展。

　　　　生活中，人流如潮，白发苍苍的老人乘坐公交车。

情境二：出示小鱼在水中自由自在游来游去的动画（学生谈感受）。

2.自由发言，分享自己在乎的事情。理解"在乎"的含义（在意、介意的意思）。

引出课题，注意"在乎"的"乎"读轻声。

二、初读课文，整体感知

1.示范朗读或者播放课文录音。

2.利用多媒体出示生字词，正音识字。

动词：卷上　拾起　扔进

近义词：注意　注视

新词语：困　近在咫尺

三、读通课文，概括文意

1.学生分节读（或自由读）课文。要求：正确、基本流利。

2.小组交流：每个段落说了什么内容？

3.归纳梳理：课文写了什么时间，在什么地方，谁做了一件什么事。

四、完成表格，建立印象

1."六何"分析知大意：根据学生交流，适时出示图画，梳理"六何"。

2.结合图画，请学生简单讲述这篇课文讲了什么内容。填写表格。

第二板块：细读课文，体验处境

一、复习导入，听写词语

1.听写词语：

暴风雨　浅水洼　昨夜　咫尺　吸干　捡起

2.简要复述课文主要讲了什么内容。

二、细读课文，理解内容

1.过渡谈话，出示插图（小鱼被困的情形），阅读课文第一小节。

2.朗读关键语句："被困的小鱼，也许有几百条，甚至几千条。用不了多久，浅水洼里的水就会被沙粒吸干，被太阳蒸干，这些小鱼也会干死的。"

体会词语：困、用不了多久。

三、角色体验，想象说话（任选一题）

1.假如你是水洼里的小鱼，你心里怎么想？

2.假如你在海边看到小男孩的举动，你会觉得奇怪吗？

第三板块：精读文本，感悟品质

一、朗读课文，加深理解

朗读第三至六小节，理解感受：

1.文中的小男孩是怎么做的呢？

2.自由读第三至六小节，关注重点词语。

3.句子比较，体会含义：去掉提示语朗读，体会"头也不抬"的含义。

二、角色朗读，感悟品质

1.小男孩的行为打动了这位先生，这位先生忍不住走过去说："孩子，水洼里有成百上千条小鱼，你是救不过来的。"

小组内分角色朗读课文。

2.比较课后两段文字，体会直述句和转述句的区别。

3.归纳小结：小男孩用自己的行动来关爱生命，善待生命。

三、拓展思维，升华情感

1.想象补白：你认为这位先生听了小男孩的话会怎么做呢？

2.配乐朗读，激发情感。

四、创意续编，读写结合

你希望故事有个怎样的结局？续写第四幅画面。

第四板块：整体回顾，延伸阅读

一、巩固字词，完成练习

默写生字词，反馈指导。

二、整体回顾，适当评价

1.你认为小男孩是一个怎样的人？和同学们说说原因。

2.从这个故事中，你领略到什么道理？

三、延伸阅读，加强积累（欣赏散文《花瓣飘香》）

花瓣飘香

我家门前有一丛月季，上面开满了红艳艳的花朵。

一天清晨，我看到有个小女孩俯在花前，从花丛中小心地摘下了一片带露水的花瓣，双手捧着，然后飞快地穿过田野，跑远了。

几天后的一个清晨，我又见到了那个小女孩在摘花瓣，就叫住了她。她拿着花瓣，有些不知所措，惶恐地望着我。

"为什么只摘花瓣呢？"我轻轻地问。

她低着头不好意思地说："我舍不得把整朵花都摘了……"

"摘花瓣做什么呀？"

小女孩说："妈妈生病了，我摘片花瓣送给她。花瓣摸上去像绒布一样，闻起来有淡淡的清香，妈妈会高兴的。"

"你爸爸呢？"

"爸爸在南沙当解放军。他常常来信叫我听妈妈的话，不要惹妈妈生气。"小女孩眼眶里闪动着泪花。

真是个懂事的好孩子。

第二天早晨，我从集市上买了两盆带着露水的月季花，一盆送给了小女孩，另一盆放在我母亲的阳台上。

——节选自原苏教版语文教材第六册第五单元

【教后反思】

《学好中国语文》"漫步散文径"主题单元编排了四篇课文，目的是让学生通过阅读优美的散文，理解散文"形散神聚"的特点及其所表达的道理，并引导学生由欣赏散文作品的微妙之美，扩展至学习创作散文，鼓励学生观察生活中的所见所闻所思，自由地把见闻、感受和想象写出来。教学中，教师让学生通过多种形式的读，读出韵味，受到启迪，获得愉悦。语言学习时，让学生通过角色代入的方法，抓住文章中关键问题、关键词来探究，教师或范读引领，或指名朗读，或分角色补白对话，让学生在惟妙惟肖的朗读中表达自我感受，在抑扬顿挫的起伏变化中感受语言的韵律美，在对话中体会人与动物的和谐之美。此外，教师还让学生通过多种形式的读，辨识叙述、描写和抒情的表达方法，体会人物对话背后的含义，并续写文章的结局，创编散文。

《这条小鱼在乎》教育我们，做事不要计较付出了多少，应尽力完成自己认为重要的事情。《花瓣飘香》是一篇洋溢着浓浓亲情的散文，和《这条小鱼在乎》主题相似，选取了生活中极其平常的小事，给我们展示了一个小女孩充满爱心的金子般的心灵，她不仅爱惜花草，也深爱着自己的妈妈，是一个敬重父母的懂事的孩子。作者被小女孩的懂事感染了，因此，第二天早晨，作者去集市买了两盆月季花，一盆送给了小女孩，另一盆放在了自己母亲的阳台上，教育孩子要敬爱、孝顺自己的父母、长辈。链接阅读，可以逐步培养学生的爱心。

巧设情趣，四步导学，让学生学会写话
——《猫和老鼠》想象写话小练笔教学设计

【设计意图】

写话和习作对香港小学生特别是非华语学生来说，是语文学习的难点。制约学生习作水平提高的因素是多重的，阅读香港学校中文科教材，我们发现，选文虽然风格各异，但有的文章与学生有一定的距离，难以激发学生的阅读兴趣；教学中，我们看到有的老师习惯传授知识，将阅读和习作割裂开来，读写没有有机融合，学生习作指导缺乏针对性和指导性。

学文如堆沙，学理如筑塔。让学生从写什么、怎么写到写得好，需要一个过程。针对学生的特点，可采用读写融合，化整为零的方法，指导协作老师遵循"低起点、缓起步、启思维、重兴趣"的写作思路，引导学生从写一句话到几句话直至一段话，从而达到"我手写我心，我心抒真情"的习作目标。

激发写作兴趣，丰富写作素材。当协作老师遇到困惑，我以人教版语文教材二年级上册《语文园地七》写话教学为例，指导老师们进行大胆的教学尝试，取得了预期效果。

【教材解析】

小学低年级段写话教学是作文教学的启蒙阶段，是中小学作文教学的重要基础，起始阶段的写话练习，重在培养学生书面表达的兴趣。《猫和老鼠》是人教版语文教材二年级上册《语文园地七》中的一篇看图发挥想象编故事的习作，教科书在话题的选择上注意与学生的经验世界和想象世界的联系。

本课教学以趣引路，层层推进，引导学生经历一个从意到言再到文的心理过程，学会连词成句，由句到段，逐步实现口头语言到书面语言的过渡。

【教学目标】

1.展开合理想象，猜猜故事内容，用自己的话说一说。
2.留心观察老鼠的动作和神态，感受故事的趣味，试着写几句完整的话。

【教学重点】

创设情境，合理想象，激发学生表达欲望。

【教学难点】

学着观察老鼠的动作和神态，并能写几句较完整的话。

【教学准备】

1.多媒体教学环境，展示台。
2.教学课件，写话纸。

【教学过程】

一、认识电脑，积累词语

1.质疑激趣，引导说话。

师：喜欢玩电脑的小朋友请举手！

口语表达：先用"我喜欢玩_____"的句式说话，然后换掉"玩"字，练习说话。

2.认识事物，明晰词语。

认识笔记本电脑：了解笔记本电脑各部分的名称。带拼音读词语，去拼音读词语。

二、走进漫画，自由想象

1.出示图画：认识小老鼠，感受趣味。

（1）观看动画，练习说话。

要求：认真看，仔细听，大胆说。

小老鼠在干吗？学生试说。

口语表达：一天，小老鼠在_____。（说出时间、心情）

（2）指导练写，规范格式。

教师指导书写格式：首行空两格，规范书写句号和逗号。

展示朗读，适时评价。

2.观察图画（见上图）：小老鼠突然哭了（情节转换）。

小老鼠在干什么？电脑屏幕上突然出现了谁？接下来会怎样？

快把你想到的写下来吧！

自由想象，独立思考：小老鼠哭了，是什么原因？

汇报交流，练习表达。教师鼓励学生猜测各种可能性。

小老鼠哭了，原来_____。

三、观察情境，动笔写话

聚焦猫的图片，观察猫的表情。

1.合作讨论。

猫出现后，小老鼠会怎样？你可以想到哪些词语？

2.根据学生的回答，教师适时梳理。

表现小老鼠动作、表情的词语，如害怕、恐惧、大吃一惊、惊呆了……

3.续写故事。

突然，小老鼠哭了，原来屏幕上_____。

4.交流分享，点评修改。

遴选作品，可以现场展示，及时点评。

（根据情况，灵活调整教学方式，注重激励和引导）

四、角色转换，对话交流

口语表达，感受乐趣：猜测小老鼠和猫之间接下来会发生怎样的故事。

分享交流，说出趣味：

1.小老鼠哇哇大哭，妈妈听见了，妈妈会怎么说？小老鼠怎么回答？

2.爷爷或奶奶怎么说？小老鼠怎么说？

3.你想对小老鼠说什么？

五、梳理归纳，小结妙招

1.韵文欣赏，拓展延伸。

2.延伸课外，续讲故事。

【教后反思】

学生习作水平的提高不可能一蹴而就，需要一个循序渐进、日积月累的过程。心中有目标，行动方有效。小学低年级段是学生口头语言向书面语言过渡的关键时期，七八岁的儿童求知欲强，既有丰富的情感，又善于大胆而无拘无束地想象。在圣公会圣十架小学的驻校支援工作中，为进一步拓宽协作老师的思维，指导具体的写作方法，我以统编教材二年级上册《语文园地七》看图想象写话《猫和老鼠》为例，在"观察图画想开去""围绕情节编故事""再现场景写感受"中着力引导孩子们说说、聊聊、想想、写写，学生表现积极踊跃，此次公开课获得观摩老师的好评。

一、知己知彼，开放课堂

《义务教育语文课程标准》（2011年版）对小学低年级段写话的要求有三点：（1）有兴趣写自己想说的话；（2）乐于运用阅读和生活中学到的词语；（3）根据表达的需要学习使用逗号、句号、问号、感叹号。从课标对写话教学的要求和定位不难看出，在学习写话的起步阶段，教学重在激发学生兴趣，让孩子们愿意自由地表达。

遵循写话规律，不拔高，不降低，就能在学生的心田里播下幸福的写话种子。在话题的选择上，注意与学生的经验世界和想象世界联系，写玩具、看图编故事，这些话题都是孩子熟悉的、喜欢的，孩子们写起来也容易。

英国学者普林格尔所著的《儿童的需要》一书中指出：儿童有对爱与安全的需要、对新体验的需要、对赞扬和认可的需要、对责任感的需要。我们都知道，小学生的注意力不稳定、不持久，生动、具体、新颖的事物较易引起他们的兴趣和注意，这种与生俱来的"好奇心"让他们更愿意发现那些不易被觉察的风景。

观察图画认真思考。《猫和老鼠》是个经典话题，从7岁小朋友的角度想，会发生哪些有趣的故事呢？学生会想到小老鼠敲电脑。还有没有别的可能……课文中只有一幅插图，如果看图想象仅仅停留在一张图片上，学生关注的点就会在这幅画面的范围内，束缚了学生的思维。如果采用一种手段或者创设一个情境，激活学生的思维，让学生从更广阔的视野中去筛选，或许能得到意想不到的效果。瞻前顾后，于是教师将文中这幅静止的画面一分为四，变成一幅有情节变化、生动有趣的连环画，一波三折，故事顿时跌宕起伏。电脑和学生的生活紧密联系，猫和老鼠的故事家喻户晓……随着教学的推进，我看到孩子们的好奇心翻腾跳跃，每个孩子都有自己的发现，每一种想法都得到了尊重，教学成了"百家争鸣"的课堂。

二、巧构意境，催生思维

爱因斯坦指出："想象比知识更重要。因为知识是有限的，而想象力概括着世界上的一切，推动着社会的进步，成为知识进步的源泉。"脑科学认为，7岁左右的儿童形象思维发达，善于想象。二年级教材编排看图想象编故事的内容，重在利用这个思维优势，引导学生留心观察。教师可以创设一些鲜活的情境，让学生感受故事的趣味，这样不仅能充分发挥学生的想象力，而且能发掘他们思维的潜力，使其进一步发展和提高。《猫和老鼠》就像一本徐徐展开的绘本，文字的留白等着学生去填写。在写话的要求上，除了一些基本行文和格式规范，教师不作具体规定，学生能写几句就写几句，多少不限，自由写作。

图画一：巧设乐境，感受"趣"。

教学伊始，让学生和屏幕上的老鼠一起观看《大头儿子和小头爸爸》的动画片，体验小老鼠开心玩电脑、观看动画片的情形，并引导学生用句式说话："一天，小老鼠_____。"学生有了切身体验，自然感受到小老鼠观看动画片时的心理——开心快乐，津津有味。

图画二：转换镜头，秒变"哭"。

小老鼠正在开心地玩耍时，突然哭了？教师充分发挥多媒体课件的作用，让播放的精彩动画瞬间消失，屏幕留白，场景发生了大翻转。"一石激起千层浪"，视觉、听觉的冲击不仅让小老鼠大吃一惊，伤心地哇哇大哭，也会激起学生的共鸣，同学们会认真观察此时的小老鼠是身体往后一倒，吓得脸都变色了，泪水直往下流。透过人物的动作、神态，学生可以猜到小老鼠的内心活动。

图画三：自由想象，辨其因。

"不愤不启，不悱不发"，小老鼠哭泣的原因会是什么呢？同学们发言积极，想象生动、精彩、有趣，思维无拘无束地自由驰骋。通过独立思考、合作讨论，演一演、说一说，同学们对看到、听到、想到的画面进行生动的描述，小老鼠和猫的故事变得栩栩如生。

有的同学说，可能是家里人突然出现，不让他玩，吓得……；有的同学说，电脑突然死机坏了，气得……；有的同学说，可能停电了，伤心得……还有同学说，可能是一只怪兽突然出现，恐惧无比……在创设的情境中，学生放开胆量，把想说的话都表达出来。事实告诉我们，孩子的想象空间无比宽广。

图画四：故事发展，趣无尽。

答案揭开：原来，屏幕上出现了一只猫。

接下来图中的小老鼠和猫之间又会发生怎样有趣的故事？孩子们经历了起初的课堂学习后，由有点不会说，到大胆说，再到试着写，学习的动力来自哪里呢？就是来自说的兴趣，交流的兴趣，发现的兴趣，这样就有了写的兴趣。让孩子们去体验，去发现，去观察思考，孩子们不需要苦思冥想、绞尽脑汁，就愿意把这四幅画面连起来写一写，一个个想象奇特、构思新颖、生动活泼的故事就展现在我们眼前。四幅图画看似独立，其实是一个故事的起因、发展、高潮和结果的连续绘本，无压力的训练流程，催生儿童思维，激发学生的"驱动感"。

三、搭建框架，厘清思路

低年级写话教学，教师既要用宽容和欣赏的心态评价学生的写话内容，珍视童真童趣，又要重视学生写话中的语言质量问题，指导学生怎么写和怎么写得更好的问题。教师要降低难度，多角度全方位地开展书面语表达能力训练，使学生在不知不觉中练好表达的基本功。

1.质疑激趣，口语表达。

教学中，从多个方面对学生进行口语表达训练。如对喜欢玩电脑的小朋友尝试用"我_____。"的句式训练是让学生把话说完整。接着观察动画，练习说话：小老鼠在干吗呢？用"一天，小老鼠_____。"的句式引导学生把句子说通顺、说具体，同时关注人物的内心活动。让学生说好句子是为写句子服务的。

2.格式指导，明确要求。

孩子年龄小，因此起步阶段写话要严格要求，奠定基础，这样才有利于学生持续发展。在学生写第一句话时，强调格式，第一行开头要空两格，把汉字工整地写在方格里，正确书写逗号、句号、问号、感叹号，标点符号占一格，不会写的字用拼音代替，等等。教师一边讲述，一边在投影中同步指导，学生适时将第一个画面写下来，可谓是一举两得。

3.发现特点，书面表述。

学生分别观察四幅插图中的小老鼠，逐步学会用恰当的词语形容小老鼠的动作和神态。在有效的引导中，学生自然地说出：一开始，乐呵呵、开心无比、美滋滋……接着，身子一倒、大吃一惊、惊呆了……然后，害怕、恐惧、哇哇大哭、吓得直叫……最后，破涕为笑，傻乎乎的……

"我手写我口，我口书我心"，学生妙语连珠，妙笔生花。

4.美文出炉，交流评议。

看，这是二年级学生当堂完成的写话。

片段1：

一天，小老鼠打开了笔记本电脑，jīn jīn 有味地看起动画片，可开心了！

突然，小老鼠惊呆了，身子一倒，吓得哇哇大哭……电脑屏幕上出现了一只大花猫，圆圆的眼睛，长长的胡须，一张大嘴伸过来好像要吃掉小老鼠。小老鼠害怕极了，大喊："妈妈，救命，救命啊。"

看见小老鼠 huāng huāng 张张的，妈妈问道："怎么啦？"小老鼠拉着妈妈的手指着屏幕，妈妈一看，哈哈大笑说："傻孩子，这不是真的猫，是假猫。"小老鼠明白了，又开心地看起动画片。

片段2：

有一天，小老鼠很高兴，因为它可以打开电脑看动画片。突然，小老鼠发现电脑白 píng 了，还出现了一只面目凶恶的大花猫！

小老鼠吓哭了，叫道："救命，救命啊！"奶奶回来听见了，连忙跑过来，一看这情景，哈哈笑起来，说："shǎ 孙子，这是一只电脑猫，它不会吃你的。"

教师把片段投影在大屏幕上，小作者当堂读完自己的作品后，其他孩子评一评、议一议，在互动交流中，学生借助对画面内容的感知，语言逐步鲜活起来。通过对展示片段的交流评价，学生不仅能对各自的故事不断补充，而且能相互取长补短，知道如何表达会更加生动。教学似小火煨汤，一篇篇汁多味美的精美故事跃然纸上。

"我笔抒我心"，孩子的语言是灵动的。教师创设特定的表达情境，调动学生的生活经历和阅读经验，使学生在想象中演绎故事发生的多种可能性。

四步导学策略以学生语言发展的特点为参照，以促进学生书面语表达能力的发展为主导目标，使学生经历了一个由意到言再到文的心理过程，教学如扶梯上墙，步步稳妥，层层推进，帮助学生树立了正式写话的信心。

简简单单教写话，本本分分为学生，扎扎实实求发展。在低年级写话教学中，结合文本巧设情境，量身定做合理训练，学生好奇想象思绪飞扬，课堂教学生动有趣。如果长期坚持，孩子们就能成为听、说、读、写、书"五项全能"的高手，这也是语文教学永远追寻的根。

春节的来历和习俗

——“传统文化日”之“春节文化”介绍

【活动主题】

了解春节的来历和习俗。

【活动目标】

1.了解春节的文化和历史；

2.欣赏祖国不同地区的不同节日风俗；

3.培养学生注意观察生活、热爱生活，体会美好生活的情趣，加深对民族传统文化的了解。

【活动形式】

1.晨会介绍、午间校园电台直播。

2.师（内地刘晓梅老师）生（香港圣公会圣十架小学六年级学生黄琬芝）情境对话，介绍春节。

【活动过程】

一、激趣交流，引出春节

师：琬芝，新年好！

生：刘老师，新年好！

师：老师相信你一定很喜欢过节对不对？

生：过节的时候会有很多好吃、好玩的，还有假期可以享受！

师：过节了很开心。再过 11 天，我们就要迎来中国最重要的一个传统节日，琬芝，知道是什么节日吗？

生：春节。

二、联系生活，了解习俗

师：春节，又叫新春、新年、过年。都说小孩盼过年，能和老师介绍介绍，香港的小朋友是怎么过年的吗？

生：（自由说）吃年夜饭、大盆菜，逛花市，看舞龙舞狮，贴春联、收压岁红包。

在香港，春节时中区和九龙尖沙咀的购物区都布置得美轮美奂；入夜后，节日的灯饰更是一片璀璨。每年农历年初一，香港还有缤纷的花车大巡游；年初二，维多利亚港会有烟花会演。

师：春节是中国人最为重视的传统节日，已经有4000多年的历史，每逢春节大家都要隆重庆祝。香港的春节这么热闹，内地又是怎么辞旧迎新，过春节的？一起来看看吧。

师：（课件演示）看，新春到了，家家户户都会挂起红红火火的灯笼，贴满花花绿绿的年画、各种各样的春联。贴上通红的福字，福气可就来了。

生：（读）一帆风顺年年好，万事如意步步高。

师：春联抑扬顿挫，和谐动听，读了这副春联，你会感觉到生活中充满幸福和希望，读春联也是一种很好的学习。

三、引出故事，感知神奇

师：大年三十，一家人都会团聚在一起，吃年夜饭，长辈给晚辈压岁钱。关于过年还有一个有趣的传说呢。

（播放录像）话说远古时，有一只头如狮子、身如黄牛的独角兽，名为"年兽"，它被天神锁于深山，每年只有年三十玩一天的自由，于是每年的这天晚上，年兽都到民间四处捣乱。有一次人们发现年兽走到一户门前挂着大红布的人家时，拔腿就跑，另又发现它害怕熊熊火光及放鞭炮的巨响。

师：年兽的故事真有趣。其实哪有什么怪物，人们只是用这种贴红纸、挂灯笼、放鞭炮的方法祈求新年平安、幸福，抒发美好的祝愿。

四、春节文化，美好寓意

师：新年到、心情好，穿新衣、戴新帽，包饺子、蒸年糕。年夜饭是年尾最丰盛、最重要的一顿晚餐，年夜饭上的每一道菜都被人们赋予美好的寓意，例如：北方人过年一般要吃饺子，饺子的形状像元宝，包住财运和福气；南方人要吃鸡、鱼和年糕，"无鸡不成宴"，大吉大利，"鱼"和"余"是谐音，寓意年年有余，年糕寓意新年生活、事业步步登高。看了这些美食，是不是有点馋？

师：春节到了，我们不仅可以品尝到丰盛的美食，还可以到街上参加各种娱乐活动。让我们一起到庙会上去逛一逛（播放录像）。

逛庙会是中国北方春节重要的娱乐活动之一，小商小贩们摆起了各式小摊，在这里能吃到各种中国传统特色的小吃，欣赏耍狮子、舞龙灯、踩高跷等民俗活动，真是鼓乐喧天，热闹非凡！踩高跷很有趣，表演者是传统戏装打扮，有的扭着秧歌，有的还表演故事，诙谐有趣、声情并茂，深受群众欢迎。

师：听了我们的介绍，大家是不是很开心？

在这辞旧迎新之际，我和琬芝把新年的祝福送给各位老师和同学，祝愿大家新春快乐，万事如意！

搭建阅读支架，走进经典名著
——《西游记》整本书导读策略

【设计意图】

香港天主教总堂区学校图书馆有大量适合小学生阅读的图书，但由于学生课后功课较多，再加上现在有些孩子沉迷于手机及其他各种电子产品游戏，阅读的兴趣有所下降，不愿意主动阅读，阅读面较窄。在宗霭雯校长的大力支持下，学校积极推动中文科阅读教学研究，把提升学生整本书阅读能力作为主要关注项目。

协作中，我着力引导教师在带领学生学习书本的过程中，告知学生阅读的要求，教给学生阅读的方法，并开展相应的阅读活动，将学生在课内感知到的要求、学到的方法迁移到课外，将整本书阅读贯穿到学习的全过程。在协作中，我指导五年级学生开展了《西游记》整本书的阅读活动，让经典走进学生心田。

《西游记》是我国古典四大名著之一，是我国文化的瑰宝，几百年来，孙悟空、猪八戒等鲜明的人物形象几乎家喻户晓，许多经典故事，人们口耳相传。围绕语用价值和精神价值双向开掘，能让整本书阅读具有更鲜明的现实意义，为学生的语文素养提升和心理品质成长助力。"好书不厌百回读"，为激发学生的阅读兴趣，照顾学生学习的差异性，学习成果的多元展示更能激发学生阅读经典的兴趣。

【阅读解析】

《西游记》是我国古典四大名著之一，书中传神的描写、精练的语言，给读者带来无尽的想象，阅读《西游记》，可以培养学生对经典文学的热爱，激发学生的想象力。书中主要人物的性格极为鲜明，是学生学习语言文字的范本。因此，教师要重点引导学生从通读名著和品读精彩故事两个方面感知古典文学的魅力和精彩。

2017年更新的香港《课程指引》明确指出：课程发展应提高学生阅读兴趣，掌握阅读策略，拓宽阅读面，增加阅读量，提升阅读深度。香港《课程指引》和内地《义务教育语文课程标准》（2011年版）一脉相承。由此可见，阅读的目的不仅仅是收获策略，发展思维，更重要的是建立正确的价值观和积极的人生态度。"走进经典名著"目的就是引导学生运用精读、略读、跳读等方法阅读经典故事，迁移阅读整本书，领略经典名著的魅力。

五年级学生对某一事物或人物发表自己的观点不难，难点在于有理有据地表达观点。在阅读经验上，学生具有体会人物性格特点的阅读理解力，如何借助已有的阅读理解力促进表达力的提升？如何将单篇阅读引向多篇和整本书的高阶思维阅读？根据《课程指引》和教材编排，有必要在阅读的"广度"和"深度"方面下功夫。

2019—2020年第二学年，根据网课教学进度，我指导五年级学生开展了"1＋X＋Y"渐进式阅读《西游记》整本书活动，即以《猴王出世》单篇课文教学为原点，围绕有理有据地评价人物的阅读主题，构建"单篇+多篇+整本书"的"1＋X＋Y"渐进式阅读。活动分三个阶段进行：浏览回目，精读《猴王出世》—聚焦精彩，批注阅读《三打白骨精》《三借芭蕉扇》《三探太极洞》三篇文章—迁移自读《西游记》，绘人物百态图，展示阅读成果。本次教学通过导读、引读、自读，实现了以教材为中心，群文来拓延，以课堂为主场，课外来丰实的整本书阅读教学目标。

【阅读目标】

1.掌握阅读经典的基本方法：精读法、跳读法、求同比异法。

2.开展群文批注阅读，引导学生根据悟空不同时期的言行分析悟空的成长变化，感悟成长内涵。

3.评析《西游记》人物，培养思辨能力，形成人生智慧。

【教学过程】

第一阶段：浏览回目，精读单篇——《猴王出世》

阅读步骤：

第一步：创设情境，初识经典。

1.播放《西游记》电视剧片头影片，激发兴趣。

2.走近作者吴承恩，了解其对《西游记》的评价。

3.了解学生对《西游记》的已有认识。

第二步：浏览回目，了解经典。

1.阅读《西游记》前言后记，了解故事梗概、主要人物。

2.采用浏览法、跳读法观看回目，猜测感兴趣的故事或者情节。

第三步：精读片段，走近主角。

1.阅读《西游记》第一回《猴王出世》，品析文本的语言特色：简练概括。

2.聚焦人物行为动作语言，批注阅读，感悟人物形象。

了解石猴到美猴王的过程：石猴发现水帘洞，带领众猴进洞居住，进而被拥戴为王。交代了美猴王的来历，刻画了机智灵巧、本领高强、深得众望的美猴王形象。

品析人物形象：勇敢顽强，无私无畏，顽劣活泼，敢作敢为，充满自信，当仁不让。

3.总结阅读方法：泛读知其貌，精读解其味，深度探其理。

第四步：复述故事，学写感受。

第五步：鼓励探究，拓展延伸。

【设计意图】第一阶段的阅读活动重在激趣引趣。《猴王出世》经典故事形象生动，备受学生欢迎。因此，教师以教材为出发点，引导学生在泛读的过程中激发读整本书的兴趣，在精读《猴王出世》的情节里掌握方法，建立整体印象。

第二阶段：聚焦精彩，批注阅读——读三篇文章

阅读步骤：

第一步：群文共读，对照批注。

共读典型情节。阅读《三打白骨精》《三借芭蕉扇》《三探无底洞》原文，聚焦文本进行批注，抓住事情的前因后果。批注三段故事的开端、发展、高潮、结局，整体了解。

第二步：群文精读，比较批注。

1.聚焦《三打白骨精》《三借芭蕉扇》《三探无底洞》，异中求同。

（1）批注"整体描写"和"局部描写"，画场面分析图，品味"孙悟空三打白骨精""孙悟空三借芭蕉扇""孙悟空三探无底洞"，感受"三打""三借""三探"一波三折的精彩细节。与"三"相关的情节都有着前进—阻碍—前进的过程，这种螺旋上升的三段式发展，紧凑地把故事推向高潮，将敌对双方的矛盾激化到极致。

（2）写作方法：一波三折，反复叙事。

2.聚焦《三打白骨精》《三借芭蕉扇》《三探无底洞》，采取表格的方式，让学生同中求异：

《三打白骨精》注重"三打""三变""三责"的场面描写。

《三借芭蕉扇》突出礼借、逼借、骗借的过程趣写。

《三探无底洞》中，"一探"，变成苍蝇不成功；"二探"，变成红桃子不成功；"三探"，悟空直接打进去。

3.归纳小结：聚焦细节，品味情节，分析人物。

悟空：坚持不懈、斗志昂扬、聪明能干。

第三步：群文议读，思辨批注。

1.出示回目，思考讨论"悟空形象"。

2.分析人物形象，感受成长内涵。阅读《西游记》（第十三到一百回，讲述西天取经，九九八十一难，共四十一个小故事），可培养学生批判性思维能力，培养正向价值观。

第四步：群文整读，读写批注。

1.回顾方法，延伸阅读，教师归纳——细读理解：想象品味，感悟语言。

2.读写结合，概述情节。尝试用自己的话概述印象深刻的一段情节或一个细节。

【设计意图】在教师的引领下，师生围绕一个议题在单位时间内组文阅读。这有别于传统的单篇课文讲读，为学生带来的直接改变就是阅读量的扩充，而又因为每个文本都有它的故事，所以学生的视野也得到了拓宽。聚焦精彩，把"批注"引入"群文阅读"中，有助于学生在阅读量增加的同时，能够针对核心问题展开深入思考，发展了学生的分析、综合、评价、创造等高阶思维能力，提高整本书阅读的质量。

第三阶段：自主阅读，展示成果——绘人物百态图

活动步骤：

环节一：读《西游记》，增长人生智慧。

知识问答。在教师提供的题目中，自主选择答题，激发学生再读原著的兴趣，帮助学生进一步熟悉故事中的人物与情节。

环节二：读《西游记》，在中国地图、地球仪上找找相应的取经路线。

介绍取经路线图。

环节三：走进取经团，探究人物形象。

1.经典情节表演，如《三打白骨精》。

2.用一句话概括《三打白骨精》中的人物性格。

3.介绍人物。从人物经历、典型情节、经典语言着手，客观评价人物性格。

环节四：唐僧师徒取经路上碰到哪些困难？用自己的语言完整讲述让你印象最深刻的一个情节或细节。从唐僧取经的故事中你能获得哪些有益的启示？

环节五：学科综合性作品展示。

美术：画西游人物，制作手抄报。

音乐：欣赏、学唱歌曲《敢问路在何方》。

【教后反思】

整本书阅读是我国语文教育的优秀传统。名著阅读需要静静地滋养，慢慢地融化，学生要有一个认识它—走进它—接受它—喜欢它的过程。香港对于整本书阅读积累有一定的基础，但古典名著《西游记》对于学生来说言辞多生僻，时代脱离感强，导致学生读起来还是有一定难度。

鉴于此，在《西游记》阅读教学设计中，我们根据非华语学生的学习特点，降低了阅读难度。通过观看影片，从学生比较熟悉和感兴趣的猴王出世情节出发，激发学生的阅读期待。章回体是我国古典小说的共同特点，每回的故事相对独立，前后又相互联系，构成一个有机整体。每个回目字数相等，对仗工整，其结构大都是"人物+情节"，或者是"事件+人物+情节"。以《三打白骨精》为例子进行预热，让学生近距离接触名著，感受名著魅力，实现从现代文到古典小说的平稳过渡。最后是阅读成果展示，鼓励学生读完后用各自喜欢的方式进行成果汇报，如编写一份阅读小报，制作一张书签，创作一份连环画，撰写一份读后感等，把书中一段抽象的文字或故事转化为一个形象可感的画面，或化为一篇篇凝聚自己独特思想的感言等。

三个月，"1＋X＋Y"渐进式阅读尝试，为经典阅读披上"群文阅读"的外衣，携手群文阅读，真正把经典阅读落到实处，满足了学生的求知欲。

通过"1＋X＋Y"渐进式阅读，学生学会的不是一个固定的理解，而是能够通过多个文本从不同层次、不同角度来看待一个事物或问题，形成较强的思维张力。学生从"被告知""被动思考"，转化为主动发现、主动探究思考，学生的身心得到解放，学习的兴趣极大提升，这些使他们在阅读的道路上走得更远。

在"1＋X＋Y"渐进式阅读中，教师只是起到提供内容、点拨引导的作用，阅读、思考、讨论的过程全部由学生自己来完成。这样一来，学生真正成为课堂的"主人"，"整本书阅读"或者"一本带多本"的阅读，把课内和课外阅读打通，引导学生走向更加宽广的阅读世界。参加阅读的五年级学生共有240多名，90%的学生能够自主阅读《西游记》，学习成果展示丰富多彩，很多学生对名著阅读有了兴趣。

"1＋X＋Y"渐进式阅读教学设计是个尝试，阅读是一个需要长久坚持，不断渐进的过程，如何面向全体学生，保证学生的阅读时间，使整本书阅读卓有成效，还需要一步探究和思考。

第三辑　微课悦读

一场疫情，支援工作从线下变成线上。

工作方式变了，但支援的意义和方向没有改变。

工作计划变了，但支援的目标和初衷没有改变。

工作时间变了，但支援的效度和力度没有改变。

工作内容变了，但支援的价值和内涵没有改变。

不一样的工作方式，一样的支援热情。

从校情出发——根据圣公会圣十架小学、天主教总堂区学校中文科教学工作的需要，适时调整计划，全程跟踪服务，尽最大努力推动课题实施完成。

从师情出发——尊重协作老师的实际需求，线上跟进指导，支援年级扩展至小学六个年级。

从生情出发——解读校本课程"华夏龙情"，尊重学生学情，开发"经典古诗文""经典故事""经典国学"等系列微课，量身定做课程资源，帮助学生在非常时期开展非常"悦"读。学生诵读经典，感受传统文化，居家学习有情有趣。

同心抗"疫"，以毅战"疫"，点点滴滴，可圈可点。

一年级《古朗月行》微课教学设计

【设计意图】

一年级学生年龄小，注意力不集中，刚起步学习古诗，教学中应遵循"简单、有趣"的原则，让学生在读读、背背、唱唱中形象地感受古诗的韵律、节奏和意境。

【设计目标】

《古朗月行》微课教学借助多媒体课件，图文结合，引导学生在形式活泼的诵读中识字、朗读、想象，感受月亮的美妙与神奇，体会作者的思想感情。

【设计流程】

一、启发想象，引出课题

1.观察图画，启发想象。

小朋友们好，看，圆圆的月亮升起来，多美呀，你能说说它像什么吗？

2.揭示课题，走近作者。

今天我们学习的这首古诗，就与月亮有关，题目是《古朗月行》，作者是唐代著名诗人李白。

二、认识作者，了解背景

1.出示图片，认识作者。

看，这就是李白。李白，字太白，号青莲居士，又号"谪仙人"，他是唐代伟大的浪漫主义诗人，被后人誉为"诗仙"，与杜甫并称为"李杜"。

2.了解古诗背景。

今天我们学习的《古朗月行》就是李白在安史之乱前，针对当时朝政黑暗而写的一首诗。

三、品读古诗，激发想象

1.视频范读，整体感知。

想听老师朗读这首诗吗？你们也可以试着读一读，感受一下我国古诗文化的魅力——简洁的语言，丰富的想象。

品读回味，理解交流。

2.细读慢品，把握韵律。

同学们读得真好！你知道吗，《古朗月行》是乐府古题，这里只节选了全诗十六句中的前四句。这四句到底写了什么呢？请你们轻轻地读、仔细地想，老师相信你们一定能读懂。

你们愿意和老师交流一下吗？

"小时不识月"就是小时候不认识月亮。

"呼作"就是"称为"的意思，"白玉盘"就是"白玉做的盘子"，"呼作白玉盘"的意思就是"将它称为白玉盘"。

"疑"就是"怀疑"，它和"呼"一起传达出儿童的天真烂漫之态。"瑶台"，传说中神仙居住的地方，"又疑瑶台镜"的意思是"又怀疑是瑶台仙人的明镜"。

"飞在青云端"就是"飞在夜空青云之上"。

质疑：你知道儿时的李白为什么会把圆圆的月亮当作"白玉盘"和"瑶台

镜"吗？

3.移情体验，想象情境。

请同学们闭上眼睛，听老师诵读诗句，说说你想到了什么。

四、配乐吟唱，感受美好

1.小朋友，大诗人李白运用浪漫主义手法，借助丰富的想象，表现出了自己儿童时期对月亮美好而天真的认识。

2.这首诗你喜欢吗？它还能配乐吟唱呢！让我们跟随音乐一起唱一唱吧！

一年级《画鸡》微课教学设计

【设计意图】

一年级学生年龄小，形象思维较活跃。《画鸡》这首古诗朗朗上口，合辙押韵，教学中应遵循"简单、有趣"的原则，引导学生读准字音，读好节奏，读出感情，进而感受到古诗的韵味。

【设计目标】

《画鸡》微课教学借助多媒体课件，图文结合，引导学生在形式多样的品读中感悟诗之美、公鸡之美，体会作者想要表达的情感。

【设计流程】

一、直奔课题

同学们好！今天我们来学习一首古诗《画鸡》。它是明朝大诗人唐寅写的。

二、介绍作者

师：你们知道吗？唐寅也叫唐伯虎。唐寅不仅是一位诗人，还是一位著名的书法家、画家，山水、人物、花鸟他都擅长。你看，这些都是他的画作。

这幅是其山水画代表作《落霞孤鹜图》，这幅是其水墨人物画代表作《秋风纨扇图》，这幅是《春山伴侣图》。

他呀，还给大公鸡画过一幅画呢，画完后还题了一首诗，就是我们今天要欣赏的《画鸡》。

三、品读古诗

1.视频范读。

想听老师朗读这首诗吗？你们也可以试着读一读。

2.细读慢品，理解意思。

同学们读得真好！你们知道诗中的公鸡是什么样子的吗？我们来交流一下吧！

这里的"裁"是裁剪、制作的意思。"头上红冠不用裁"就是雄鸡头上顶着火红的鸡冠，不用裁剪加工就非常美丽。

"满身"就是全身，"走将来"是走过来的意思。"满身雪白走将来"就是全身披着雪白的外衣，雄赳赳地走了过来。

"平生不敢轻言语，一叫千门万户开。"这里的"平生"就是一生的意思，"轻"的意思是随随便便地，轻易地。"言语"指的是雄鸡的叫声。这句话的意思是，公鸡一生不敢轻易鸣叫，每天清晨只要一叫，千家万户都把大门打开来迎接新的一天。

3.品析语言，感悟公鸡形象。

在这首诗中你找到了几种颜色？

从"头上红冠"可以看出大公鸡头上的冠是大红色的，"满身雪白"告诉我们它的全身都是白色的，一白一红，对比非常强烈。红冠是大公鸡的一个部分，白色是大公鸡的整体感觉，我们似乎看到一只满身雪白的大公鸡，头顶红冠，雄赳赳、气昂昂地向我们走了过来。

我们已经认识了这只漂亮、威武、神气的大公鸡。这只公鸡还有什么特点呢？

"平生不敢轻言语"，看来这只大公鸡还是只低调的大公鸡，但是只要它一声鸣叫，便意味着黎明已经来临。它一声鸣叫，千家万户都要打开门，迎接新的一天的到来。看来这只大公鸡真是"不鸣则已，一鸣惊人"啊！

四、拓展延伸，认识题画诗

这只雄鸡是谁家的啊？从题目中我们知道，这只雄鸡是作者画出来的。诗人画完这只威武的公鸡后，一时兴起写下了这首诗，所以这是一首题画诗。

五、配乐朗读，领悟情感

这首题画诗描绘了公鸡的威武，作者是想借助大公鸡的"一叫千门万户开"来表达自己"不鸣则已，一鸣惊人"的抱负。

同学们，你们喜欢这首诗吗？让我们跟着音乐再来读一读吧！

一年级《七步诗》微课教学设计

【设计意图】

《七步诗》的故事大家耳熟能详，其情节曲折，展现了曹植的智慧。一年级学生阅历有限，对文字背后的意思不易理解。教学中应遵循"直观、形象、简单、有趣"的原则，让学生观视频激趣、读诗词解意、交流中悟智，初步感受诗词语言的特点和魅力。

【设计目标】

《七步诗》微课教学借助影像资料，引导学生走进故事，生动有趣。学生在细读慢品中大致体会含义，了解诗人感情，懂得兄弟之间应该互相帮助，互相关爱。

【设计流程】

一、谈话导入，揭示课题

同学们，让我们走进《三国演义》这部名著，了解其中的一个故事。三国时期的曹操与他的二儿子曹丕、三儿子曹植，在历史上合称为文学造诣很深的"三曹"。少年曹植聪颖异常，工于诗文，深得曹操宠爱，但他任性而为，后来渐渐失宠，他的哥哥继承了王位。不过曹植的才华远远超过他的哥哥和父亲，家喻户晓的《七步诗》就是曹植所作。

二、视频播放，了解故事

要读懂这首诗，首先我们要了解这首诗背后的故事。

相传曹操去世后，曹植的哥哥曹丕继位。曹植很有才华，有个成语叫"才高八斗"，就是形容曹植的。所以曹丕非常忌恨他，有一次，曹丕命令曹植在七步之内作出一首诗，否则就处死他。

小朋友们，七步之内作出一首诗，这可不是件容易的事情。曹植能在七步之内作出一首诗吗？他当时的心情到底是怎样的呢？下面我们一起来观赏《三国演义》原著第79回，电视剧第61集的片段。（播放视频片段）

三、品读古诗，理解诗意

看了这段视频，我们知道，在生死攸关的时刻，曹植在七步之内脱口而出，作了这首脍炙人口的《七步诗》。

1. 范读引领，整体感知。

想听老师朗读这首诗吗？你们也可以试着读一读。

2. 细读慢品，悟出诗意。

同学们读得真好！你读懂了什么？愿意和大家分享吗？

请看，这是"豆"，这是"萁"，煮豆子的锅就叫"釜"。这首诗前四句话的意思是豆子在锅里慢慢煮，把煮熟的豆子残渣过滤掉，留下豆汁做羹汤。豆萁在锅底下燃烧着，豆儿在锅中被煮得"咕嘟咕嘟"乱响，仿佛在哭泣似的。"本自同根生，相煎何太急。"意思是萁与豆本来是同一个根上长成，为什么豆萁燃烧煎熬豆儿那样无情呢！这句话流露出曹植当时非常痛苦，非常绝望的心情。

豆和萁又是什么关系呢？它们是一个根生出来的，用诗中的句子来说，那就是同根生啊。在这里，曹植用"燃萁煮豆"这种现象来比喻哥哥对弟弟的逼迫。

四、结合背景，体悟诗情

你们读出了这首诗的字面意思，真了不起！

实际上，这首诗表达了曹丕的狠毒和对弟弟的压迫。看看这个画面，这是曹植的眼泪啊，他像豆子一样被煮得皮开肉绽啊！这种浅显易懂的比喻，是曹植在提醒曹丕：我们是亲兄弟，情同手足，不能互相残杀！曹丕听到以后面露惭色，曹植也因为这首诗脱离了虎口。

五、品读"泣"字，体会情感

你能体会到曹植作《七步诗》的心情吗？从哪儿体会到的？

是啊，一个"泣"字表现出曹植非常绝望，非常痛心。他们是兄弟，他的哥哥却这样迫害他，而他又是那样敬畏他的哥哥，敢怒不敢言！让我们再回到那杀机四伏的大殿上，感受曹植此时的悲愤交加。（播放视频片段）

六、领悟哲理，增长智慧

1.懂人情，明哲理。

兄弟之间应该互相帮助，互相关爱，不应该自相残杀。"本自同根生，相煎何太急"后来也被人们用来表示兄弟之间不应该互相残杀的警示语。

2.读名著，长智慧。学习了这首古诗，有兴趣的小朋友还可以读一读《三国演义》这部历史小说，相信你一定会有更多收获。

二年级《江雪》微课教学设计

【设计意图】

领会诗歌的意境是古诗教学的关键，教学中要想方设法让诗中的画面和诗人的感情在学生头脑中"活"起来。香港的学生生活在南方，很少见过雪，更难以想象雪天的严寒，所以微课设计要注重情境的创设，让学生在直观形象的画面中读古诗、明诗意，初步了解诗人的情感。

【设计目标】

《江雪》微课设计借助多媒体课件，指导学生结合画面，借助想象，联系生活实际理解诗句。通过抓住关键字词想象画面，体验走进诗的意境，从而体会诗人孤独寂寞的心情。

【设计流程】

一、谈雪激趣，引入课题

冬日来临，天气变冷。鹅毛般的大雪纷纷扬扬地飘落下来。山川、田野、村庄全都笼罩在白茫茫的大雪之中。雪，给人一种洁白静谧之美。

二、揭示课题，走进作者

在唐朝大诗人柳宗元的眼中，雪景又是怎样的呢？寄寓了诗人怎样的情感呢？今天，我们就来学习《江雪》这首诗。

看，这就是柳宗元。你对他有哪些了解呢？

柳宗元，唐代政治家、文学家，"唐宋八大家"之一，一生留下600多篇诗文作品。《江雪》就是他的代表作之一。

你能说说诗题《江雪》的意思吗？江雪，顾名思义指的是江边雪景。

三、感知诗文，品悟诗意

1.视频范读，整体感知。

先听老师读这首诗，你也可以来读一读。

2.细读慢品，理解字词。

同学们读得真好！品味古诗，我们不仅要会读，还要理解诗句中关键词语的意思。这首诗中有许多词语和我们生活中的不一样，你发现了吗？

比如："千山""万径"，这里是虚指，指的是所有的山、所有的小路；"绝"是没有的意思；"踪"指的是足迹、脚印；"孤"是孤单、孤零零的意思，"孤舟"指的是孤零零的一只小船。

你见过"蓑"和"笠"吗？看，这就是古人穿的蓑衣，戴的斗笠。那么"蓑笠翁"的意思就是身穿蓑衣头戴斗笠的老翁。

3.连词成句，理解诗意。

掌握关键词的意思可以帮助我们理解诗意，从而更好地赏析这首诗。

诗的前两句"千山鸟飞绝，万径人踪灭"，所有的山没有一只鸟的影子，所有的小路也不见人的踪迹，有的只是皑皑白雪。后两句"孤舟蓑笠翁，独钓寒江雪"，在这样一个下着大雪的江面，一叶小舟上，一个穿着蓑衣戴着斗笠的老翁，独自在寒冷的江心垂钓。

四、想象画面，体会意境

读了这首诗，你能想象诗中描绘的画面吗？

是呀！没有飞鸟，不见人踪，有的只是茫茫大雪，就连孤舟、蓑衣、斗笠上都积了厚厚的一层雪。环境是凄凉寒冷的，老翁的心情是孤独伤心的。其实这也正是柳宗元自己处境的真实写照。

五、了解背景，体悟情感

你想知道柳宗元是在什么样的情境中写下这首诗的吗？

柳宗元关心人民疾苦，立志改革，救国救民，却遭到迫害，后被贬永州。到永州后不久，他的母亲和大女儿相继病逝。政治上的失意，亲人的相继去世，使得他精神上受到很大刺激和压抑，所以他异常孤独、郁闷。可是柳宗元虽然被贬，但他并没有气馁，没有屈服，而是为老百姓办了很多实事，如修建孔庙、兴办学堂、破除迷信、开凿水井、植树造林等。

虽然柳宗元身处困境，但是他不屈服。"孤舟蓑笠翁，独钓寒江雪"成为千古佳句，诗人清高、孤傲的形象跃然纸上。

六、推荐阅读，情感共鸣

一首诗就是一幅画，一首诗还是一种心境。课后请同学们读一读清朝王士禛的《题秋江独钓图》。这首诗又描述了怎样的一幅画面？体现了诗人怎样的心境呢？

二年级《敕勒歌》微课教学设计

【设计意图】

二年级的学生已经能够借助汉语拼音进行阅读了，对于感兴趣的诗文愿意去读去背，但语言的品味能力较弱。教学中应遵循"简单有趣，多读少讲"的原则，保护其学习热情，培养其自主学习古诗的能力。

【设计目标】

《敕勒歌》微课教学借助影像资料，图文结合，引导学生在听歌曲、赏画面、读诗文、唱诗歌中体会大草原的美丽富饶，感受敕勒人热爱家乡、热爱生活的豪情。

【设计流程】

一、情境导入，揭示课题

小朋友们好，你们喜欢旅游吗？去过哪些地方呢？今天老师给大家带来一段好听的歌曲，请同学们认真听一听，想想歌里唱的是什么地方？

欣赏了优美的画面，聆听了动听的旋律，我们知道这是美丽的草原。

今天我们学习的这首诗，就与草原有关，题目是《敕勒歌》。

二、理解课题

你们知道吗？《敕勒歌》是一首北朝民歌。北朝距现在已经有1600多年历史了，当时有一个少数民族叫敕勒族，这首诗描写的就是敕勒族人的草原生活。

三、品读诗歌，体会意境

1.视频范读，整体感知。

想听老师朗读这首诗歌吗？你们也可以试着读一读。

2.细读慢品，理解意思。

同学们读得真好！这首诗朗朗上口，很有韵味。这首诗仅用27个字就为我们描绘了一幅优美的草原全景图。

第一句诗让我们远远地看到草原全景。"敕勒川，阴山下"，交代敕勒川位于阴山脚下，十分雄伟，高远辽阔。"天似穹庐，笼盖四野"，"穹庐"是蒙古包的意思，用"穹庐"作比喻，说天空就像一个蒙古包，盖住了草原的四面八方，极目远望，无比壮阔。

第二句"天苍苍，野茫茫，风吹草低见牛羊"带领我们走进了草原。天是深青色，微风一吹，牛羊若隐若现，到处显露水草丰盛、牛羊肥壮的情形。

小朋友们，刚才我们了解了诗词结构，现在你能说说这首诗的意思吗？

阴山脚下，有个敕勒族生活的大草原，敕勒川的天空，四面与大地相连，看起来好像牧民们居住的蒙古包一般。蓝天下的草原，翻滚着绿色的波澜，那风吹草低的地方，有一群群牛羊时隐时现。

3.品味探究，体会情感。

"天苍苍，野茫茫，风吹草低见牛羊。"美丽的草原令人着迷，令人陶醉。你知道吗？这首民歌不仅写出了草原壮丽富饶的风光，还表达了敕勒人热爱家乡、热爱生活的豪情。

四、配乐吟唱，升华情感

你们知道吗？《敕勒歌》还可以配乐吟唱呢！让我们跟着音乐一起唱一唱吧。

二年级《绝句》微课教学设计

【设计意图】

低年级孩子学习古诗既要重视兴趣培养，又要重视美的熏陶。教学中应遵循"读、悟、品"的原则，让学生发现诗歌的色彩美、结构美、意境美。

【设计目标】

《绝句》微课教学借助多媒体课件，启发学生依据诗句展开想象，通过想象画面，领会诗的意境，从而体会诗人愉快的心情和对和平的向往。

【设计流程】

一、谈话导入，揭示课题

1.观察图画，指导说话。

孩子们，春天来了，你们都看见了哪些美丽的景色呢？

2.揭示课题，走近作者。

今天我们就走进诗的世界，去感受古诗中春天如画的美。接下来我们就来学习唐代大诗人杜甫写的一首《绝句》。

二、认识作者，了解背景

1.出示图片，认识作者。

看，这就是杜甫。杜甫，字子美，自号少陵野老，唐代伟大的现实主义诗人，与李白合称"李杜"。杜甫在中国古典诗歌中的影响非常深远，被后人称为"诗圣",他的诗被称为"诗史"。

2.认识绝句,了解古诗背景。

这首诗的题目是《绝句》,那么什么是绝句呢?绝句是中国传统诗歌体裁。绝句由四句组成,通常有五言、七言两种,简称五言绝句、七言绝句,我们今天学习的这首就是七言绝句。

1200多年前,唐朝发生了一场动乱,史称"安史之乱"。从此,唐代由盛转衰,经过八年的斗争,唐朝平定了这场叛乱。战争终于过去了,百姓们不用再东躲西藏、居无定所了。诗人重返旧居,看到草堂门前浣花溪边生机勃勃的春景,心情十分愉悦,情不自禁地写下这首脍炙人口的《绝句》。

三、品读古诗,理解诗意

1.视频范读,整体感知。

想听老师朗读这首诗吗?你们也可以试着读一读。

2.细读慢品,理解字词。

同学们读得真好!短短4句诗,仅仅28个字,到底写了什么呢?请你们轻轻地读,仔细地想,一定会有许多收获的。

你愿意和大家分享一下吗?

这里的"鸣"是鸣叫的意思,"翠柳"是翠绿的柳树。"两个黄鹂鸣翠柳"的意思就是两只黄鹂鸟在翠绿的柳枝间欢唱。

"青天"是指蔚蓝的天空。"一行白鹭上青天",意思是说一行排列整齐的白鹭正飞向蔚蓝的天空。

"窗含西岭千秋雪,门泊东吴万里船"中"含"是包含、镶嵌的意思;"西岭"指西岭雪山(即岷山);"千秋雪"指西岭雪山千年不化的积雪;"泊"是停泊的意思;"东吴"是古代吴国领地,现在江苏省一带;"万里船"指从很远的地方远行而来的船只。这两句诗的意思是坐在窗前,可以望见西岭雪山上堆积着终年不化的积雪,门外停泊着从万里之外的东吴远行而来的船只。

四、品析语言，体会色彩美

春天是一幅画，春天是一首诗。《绝句》这首诗画面明丽，语言形象。

诗中表示颜色的词有很多，你找出来了吗？"黄鹂"的羽毛是黄色的，"翠柳"是翠绿色的，"白鹭"的羽毛是白色的，"青天"是蔚蓝色的，这里"黄""翠""白""青"四种颜色相互映衬，构成一幅色彩鲜明、生机勃勃的图画，令人赏心悦目，同时也表达了作者的喜悦心情。

五、想象画面，体会美景

有人说，杜甫的这首《绝句》是一句一景，整首诗犹如一幅美丽的春景图，请你再读读这首诗，说说你从中读出了哪些景物。

"黄鹂""翠柳""白鹭""青天""千秋雪""万里船"，诗人倚窗向外眺望，首先看到近景：屋外杨柳呈现一派青翠欲滴的色彩，柳枝迎风飘舞。两只黄鹂在柳枝间相互追逐，唱着悦耳的歌声。诗人接着把视线投向天空，看到成行的白鹭在高空中自由自在地飞翔，好像要与青天相接的样子。这两句由近及远，视野辽阔。接着诗人的眼睛好像摄像机的镜头一般，又转向对面的西岭（岷山），这巍峨的西岭，皑皑白雪，千年不化，它像一道雪砌的屏障，横亘西部。西岭虽大，但这个小小的窗口却能把西岭雪山的雪景尽收眼底，"窗含西岭千秋雪"，气势非凡。接着诗人的目光又由山落到了门前的岷江上，看到了沿河停泊着许多商船。这些商船是经常往来于蜀地和长江下游东吴（吴地）的。全诗四句，写的景色远近交错，形成一个完整的、辽阔的、有声有色的画面，表达了诗人对和平生活的向往。

五、配乐朗读，领悟情感

诗不仅是一幅画，还是一首歌。让我们跟着音乐再次走进《绝句》这首诗，去感受那美不胜收的风景画，去感受诗人杜甫那愉快的心情。

二年级《登鹳雀楼》微课教学设计

【设计意图】

古诗大多短小精悍，读起来朗朗上口，孩子们很快就能背诵下来，但对于诗句的含义、意境的理解较为困难。教学中要让"趣"贯穿于整个教学过程，让孩子们充分地读，在读中感知感悟，受到情感熏陶。

【设计目标】

《登鹳雀楼》微课教学借助多媒体课件引导学生入情入境。学生在观察图片、启发想象、品读文字中感受作者对大自然的热爱之情，体会"只有站得高，才能看得远"的道理。

【设计流程】

一、揭示课题

小朋友们好，你们喜欢阅读古诗吗？今天我们来学习唐代著名大诗人王之涣的《登鹳雀楼》。

二、介绍课题

你知道鹳雀楼的名字是怎么来的吗？鹳雀，是一种鸟，形状像鹤。在山西永济县（现为永济市）的黄河边上，有一座楼经常有鹳雀停在上面休息，所以人们给它取了个很好听的名字，叫鹳雀楼。

这就是鹳雀楼（出示图片）。鹳雀楼一共三层，在楼上可以望见雄伟的中条山和浩浩荡荡的黄河。鹳雀楼周围风景秀丽，是著名的旅游地，很多文人学士登楼赏景，留下许多不朽诗篇，其中以王之涣的《登鹳雀楼》最负盛名。

说到王之涣，你对他有哪些了解呢？王之涣，唐代著名诗人，字季陵，晋阳人。他描写边疆风光的作品很有特色。今天，我们就来学习这首《登鹳雀楼》。

三、视频范读，整体感知。

让我们听一听这首诗的朗读吧！你们也可以试着读一读。

四、品读咀嚼，理解诗意

同学们读得真好！站在鹳雀楼上，面对如此壮观、美丽的景象，诗人心潮澎湃，情不自禁地吟道："白日依山尽，黄河入海流。"你知道他看到了什么吗？是的，他看到了远处的太阳靠着远山渐渐西沉，楼下的黄河向着大海流去。这两句写出登楼看到的壮观景色，气势雄浑。诗人站在鹳雀楼上，不仅看到了夕阳西下的美景，还见到了奔腾不息的黄河水正流向大海，那他想到了什么？哦，诗人很想看到更远的景物，就对自己说，我应该再登上一层楼。于是又写下了"欲穷千里目，更上一层楼"。这两句诗告诉我们一个道理：只有站得高，才能看得远。

五、再读古诗，体会哲理

是啊，站得高，望得远。让我们再来读一读王之涣的《登鹳雀楼》，学习他那奋发向上、积极进取的精神，让我们的学习也"更上一层楼"。

三年级《江南春》微课教学设计

【设计意图】

《江南春》一诗，作者用高度概括的语句描绘出江南广阔的春景图，勾勒出明丽而又迷蒙的春光美景，色彩明丽，情味隽永。教学中要引导学生抓住关键词理解古诗中的动静结合及有声有色的意境；通过了解作者及写作背景，感悟诗人赞美江南春景的同时也忧国忧民的思想情感。

【设计目标】

学生在读中理解古诗，欣赏作者从听觉、视觉和触觉多角度描绘的春天美景，感受大自然的美。透过作者描写的景物，入情入境，体会作者的思想感情。

【设计流程】

一、知诗人，解诗题

同学们，你们好！知道这是什么地方的风景吗？（出示图片）这就是江南水乡。今天我们就来学习一首关于江南的古诗，题目是《江南春》。

这首诗的作者是我国晚唐著名的诗人杜牧。杜牧，字牧之，号樊川居士。杜牧的诗大多以七言绝句著称，内容以咏史抒怀为主，与晚唐另一位诗人李商隐并称为"小李杜"。

二、抓字眼，明诗意

今天欣赏的这首《江南春》千古传诵，享誉盛名。先听老师读吧！你们也可以试着读一读，感受一下我国传统文化——古诗的魅力。

首句"千里莺啼绿映红"。诗一开头，诗人由眼前春景想象到整个江南大地。千里江南，到处莺歌燕舞，桃红柳绿，一派春意盎然的景象。诗人运用了映衬的手法，把"红花"与"绿叶"搭配，并用一个"映"字，从视觉上突出了"江南春"万紫千红的景象。同时，诗人也从声音的角度，通过听觉，表现出江南春天莺歌燕舞的热闹场面。诗句中的"千里"写得很妙，也很有分量，不但空间上扩大了诗歌的审美境界，而且为后面的描写奠定了基础。

第二句"水村山郭酒旗风"。"山郭"，即山城，指修建在山麓的城池。"酒旗"，指古代酒店外面挂的幌子。这句诗的意思是，在临水的村庄，依山的城郭，到处都有迎风招展的酒旗。水村、山郭、酒旗，这几个进入眼帘的物象由大到小，不但表现出一定空间位置，还突出了"村"和"郭"依山傍水的江南独有的建筑特色，特别是一个"风"字，增添了诗歌的动态感，突出了"酒旗"，增添了诗歌的文化底蕴，人文气息。

第三句"南朝四百八十寺"。"南朝"指东晋以后隋代以前的宋、齐、梁、陈四个朝代，建都于建康（今江苏南京），史称南朝。"四百八十寺"形容佛寺很多。

第四句"多少楼台烟雨中"。"烟雨"，即如烟般的蒙蒙细雨。这句诗的意思是说无数的楼台全笼罩在风烟云雨中。

这首诗的前两句，有红绿色彩的映衬，有山水的映衬，有村庄和城郭的映衬，有动静的映衬，有声色的映衬。但光是这些，似乎还不够丰富，只描绘出江南春景明朗的一面。所以诗人又加上精彩的一笔："南朝四百八十寺，多少楼台烟雨中。"金碧辉煌、屋宇重重的佛寺，本来就给人一种深邃的感觉，现在诗人又特意让它出没掩映于迷蒙的烟雨之中，这就更增加了一种朦胧迷离的色彩。这样的画面和色调，与"千里莺啼绿映红，水村山郭酒旗风"的明朗绚丽相映，就使得这幅"江南春"的图画变得更加丰富多彩。

三、想诗境，悟诗情

明媚的江南春光，烟雨蒙蒙的楼台景色，使江南风光更加神奇迷离，别有一番情趣。迷人的江南，生花的妙笔，令人心驰神往。这首诗四句均为景语，有众多意象和景物，有植物有动物，有声有色，景物也有远近之分，动静结合，各具特色，一幅生动形象、丰富多彩而又富有气魄的江南春画卷呈现眼前。

同学们，这首诗仅仅就是写江南美景吗？诗人杜牧生活在晚唐时期，当时的政府已呈现衰败的趋势，战乱不断，民不聊生，而当朝的统治者却效仿南朝，不惜代价大建佛寺，想祈求神灵保佑，永保江山稳固。杜牧写这首诗其实也反映了他借古写今，忧国忧民的心情。

四、吟诗句，唱诗文

同学们，这首诗歌你学会了吗？咱们跟着音乐再来读一读唱一唱吧！

今天的古诗文学习就到这里，欢迎小朋友们多了解杜牧的其他诗作，谢谢大家！

三年级《饮湖上初晴后雨》微课教学设计

【设计意图】

根据三年级学生学习诗歌的要求，开始培养学生自主学习诗歌的能力，重视理解诗的方法。教学中，通过理解重点词语还原古诗描述的情境，激发学生阅读的主动性，同时，通过"有方法""有层次"地读，让学生学会读诗，品味诗歌语言，体会诗的意境。

【设计目标】

这首诗是描写西湖的众多诗歌当中最为脍炙人口的一首，有人说："此诗一出，人人传诵，从此名湖佳人相映成趣。"本课教学旨在让学生通过理解体验、感受西湖的自然之美，体会诗人热爱祖国河山的感情。

【设计流程】

一、"猜"其地引诗

1.同学们，今天我们要学习北宋大诗人苏轼所作的一首古诗——《饮湖上初晴后雨》。

2.你们知道这风景优美的地方是哪儿吗？（出示图片）

3.这就是我国著名的旅游胜地——杭州西湖。今天我们学习的这首古诗，就与西湖有关，题目是《饮湖上初晴后雨》。

二、"读"置身诗境

1.这首诗的作者是苏轼,不过大家还喜欢叫他苏东坡。(在古人看来,一个人的"名"只在君王或长辈面前才能使用,所以文人雅士常常会为自己取个"别号",而苏轼信仰佛教,因此他号"东坡居士",我们也称苏轼为苏东坡)苏轼不仅诗作得好,他还是一位书法家、画家,是"唐宋八大家"之一,北宋中期文坛领袖,在诗、词、散文、书、画等方面取得了很高的成就,其作品有《东坡七集》《东坡易传》《东坡乐府》等。

2.今天我们要欣赏的《饮湖上初晴后雨》就是苏轼任杭州通判时写下的有关西湖景物的诗。

请同学们们听听老师的范读。你们也试着读一读,感受一下我国传统文化——古诗的魅力,感受古诗语言的精妙、简约之美。

三、"品"炼字遣词

1.作者畅游西湖,从早到晚,一边欣赏美丽的湖光山色,一边饮酒构思,神游万仞,写就了这首传诵至今的佳作。

"饮湖上"是在西湖的船上饮酒的意思。从题目可知,诗人在西湖饮酒游赏,开始时阳光明丽,后来下起了雨。两种不同的景致,他都很欣赏。

2.这是一首赞美西湖美景的诗。"潋滟"是水波荡漾、波光闪动的样子。"方好",正显得美。"水光潋滟晴方好"描写了西湖晴天的水光,意思是在灿烂的阳光照耀下,西湖水波荡漾,波光闪闪,十分美丽。

"空蒙",细雨迷蒙的样子;"亦"是"也"的意思;"奇",奇妙。"山色空蒙雨亦奇"描写了雨天的山色:在雨幕笼罩下,西湖周围的群山,迷迷茫茫,若有若无,非常奇妙。

3.从"晴方好""雨亦奇"这一赞评,可以想象在不同天气下的湖山胜景,也可想象诗人即景挥毫时的兴致及其洒脱的性格、开阔的胸怀。"欲"是可以、如果的意思。"西子",即西施,春秋时代越国著名的美女。"欲把西湖比西子"就是把美丽的西湖比作美人西施。

"总相宜"，总是很合适，十分自然。"淡妆浓抹总相宜"也就是说淡妆浓抹都显得十分自然。

4.这里苏轼用了比喻的修辞手法，以绝色美人喻西湖，不仅赋予西湖以生命，而且新奇别致，情味隽永。

四、"诵"铭记于心

全诗的意思：晴天，西湖水波荡漾，在阳光照耀下，光彩熠熠，美极了。下雨时，远处的山笼罩在烟雨之中，时隐时现，眼前一片迷茫，这朦胧的景色也是非常漂亮的。如果把美丽的西湖比作美人西施，那么淡妆也好，浓妆也罢，总能很好地烘托出她的天生丽质和迷人神韵。

同学们，我们的大文豪、书画家、大诗人苏轼，仅仅用了28个字，就把西湖晴天和雨天两种不同风格的美景描绘得淋漓尽致。同时，字里行间里流露出作者赞美西湖、热爱祖国大好河山的情怀。那么这首诗你学会了吗？跟着音乐再来读一读吧！

今天的古诗文学习就到这里，咱们下次再见。

三年级《惠崇春江晚景》微课教学设计

【设计意图】

古诗文的学习，对于三年级学生来说并不陌生，他们已经掌握了一定的学习古诗文的方法。但是，他们的理解能力仍然比较薄弱，因此，本课教学把阅读理解放在了重要的位置。教学中，采用多种形式让学生尽情地读，使他们在读中感悟，在读中想象画面，悟情、悟景、悟得。

【设计目标】

让学生借助相关资料了解作者和写作背景，借助注释理解诗意，学会有感情地朗读古诗，在读中想象画面，感悟作者对春天的赞美和热爱。

【设计流程】

一、出示《春江晚景图》，介绍苏轼

同学们，今天我们来学习一首古诗，题目叫《惠崇春江晚景》，这是北宋大文学家苏轼为朋友惠崇所绘的《春江晚景》图而作的一首题画诗。

我们先来了解一下惠崇这个人吧。惠崇是北宋一位著名的僧人，能诗善画，《春江晚景》就是他的代表画作，共有两幅。好友苏轼非常喜欢这两幅作品，就在画上题写了两首诗，我们今天读到的是苏轼在其中一幅《鸭戏图》上题写的诗。就让我们一起来欣赏一下这首诗吧。（听录音朗读）读这首诗一定要读出诗的节奏和韵味，注意读准其中的生字。（教师范读）

听了朗读，你是不是感觉苏轼妙笔生花？寥寥几笔，就勾勒出一幅生机勃

勃的早春二月景象。

苏轼可是一位了不起的大文学家，他字子瞻，号东坡居士，北宋眉山人，是著名的文学家，"唐宋八大家"之一。他学识渊博，多才多艺，在书法、绘画、诗词、散文等方面都有很高造诣。他的书法与蔡襄、黄庭坚、米芾合称"宋四家"。他是北宋继欧阳修之后的文坛领袖，散文与欧阳修齐名，诗歌与黄庭坚齐名；他的词气势磅礴，风格豪放，一改词的婉约，与南宋诗人辛弃疾并称"苏辛"，共为豪放派词人。

二、抓住关键词句，理解诗意

下面我们就来一边想象诗中所描绘的画面，一边了解这首诗的意思吧。

"竹外桃花三两枝"：江岸上，竹林外两三枝桃花刚刚开放。"三两枝"突出了早春二月的特点，那一点点的艳红已经预示了春天的到来，让人感到了丝丝暖意。

"春江水暖鸭先知"：江面上，鸭子最先察觉了初春江水的回暖，急不可待地到江水中嬉戏玩耍，用自己的方式表达着对春天的喜爱。

"蒌蒿满地芦芽短"：河滩上已经满是蒌蒿，芦苇也开始抽芽，这是一幅多么春意盎然、欣欣向荣的景象啊！

（点击蒌蒿链接）这里的"蒌蒿"两个字都是草字头，说明它是一种植物。它到底是什么样的植物呢？

它是一种多年生草本植物，具有清香气味，多生于河湖岸边与沼泽地带，也见于湿润的疏林、山坡、路旁、荒地等。

"芦芽"就是芦苇的嫩芽。芦苇多种在水边，开花时特别漂亮，芦芽是可以食用的。

读完了前三句，你的头脑中浮现出了怎样的画面？江岸的桃花刚开，鸭子在江面上戏水，蒌蒿长势很旺，鲜嫩的芦芽从土里钻出来。此情此景，不禁让诗人联想到："正是河豚欲上时。"江中的河豚此时正要逆流而上，从大海洄游到江河里来了。诗人在这里借河豚只在春江水回暖时才往上游的特征，进一步突出一个"春"字。

（点击河豚链接）下面我们来认识一下河豚。它是一种肥而味美的鱼，但有毒。每年春天逆江而上，当遇到外敌时，整个身体呈球状，同时皮肤上的小刺竖起，借以自卫。

介绍完了河豚，我们再回到诗中，现在请问同学们，"正是河豚欲上时"是画面上的景物吗？（生答"不是"）对，不是，这是作者通过观察岸上、水面之物引发的联想，它在告诉人们：桃花开放、春江水暖、蒌蒿满地、芦苇冒尖，也就是河豚到上游产卵繁殖的季节。

每一句的意思弄明白了以后，现在我们来把整首诗的意思连起来说一说吧。竹林外两三枝桃花初放，鸭子在水中游戏，它们最先察觉了初春江水回暖。河滩上已经长满了蒌蒿，芦笋也开始抽芽了，而这恰是河豚从大海回归，将要逆江而上产卵的季节。

三、想象诗词意境，朗读古诗

诗人苏轼写这首诗是要表达怎样的思想感情呢？《惠崇春江晚景》这首题画诗，是要向我们展示一幅活生生的江南水乡春景图，字里行间流露出诗人对春天的喜爱和赞美之情。

现在就让我们带着自己的理解，再读读这首诗吧。（教师有感情地朗读）

四、总结学习方法，背诵古诗

同学们，这首诗我们学完了，不知道大家记不记得在学诗的过程中，老师时常提醒大家一边读诗，一边想象画面。其实这是一种不错的读诗方法。古诗的语言简洁，一般用四句话、二三十个字就能表述一个丰富的意境，或者描述一个事件，并抒发作者的情感，其中每一个字都含有丰富的内容。要读懂古诗首先就要借助注释、字典等了解诗句的意思，然后有感情地朗读，并将诗中描述的事物和我们在生活、影视作品中所见到的样子联系起来，想象诗歌描述的景象。当朗读古诗脑海中能出现与之对应的丰富画面时，我们才算真正地读懂了古诗，以后在生活中见到类似的情景，就能用古诗中的语句来描述。

有兴趣的同学可试着背一背这首古诗。

四年级《山居秋暝》微课教学设计

【设计意图】

《山居秋暝》是王维的山水名篇，于诗情画意中寄托了诗人高洁的情怀和对理想境界的追求。四年级学生已经有了初步的分析理解古诗词的基础，但知识还不成体系，更多的是模糊的感性认识。教学中，先引导学生了解诗人王维的诗作特点，然后引导学生读好古诗，在读中想象画面，在画面中读诗，感悟美好的诗境，体会诗人高洁的情怀。

【设计目标】

通过微课教学，学生掌握读诗的方法，感受古诗的韵味美，并熟读成诵。在反复吟诵中，理解古诗意思，感受诗歌意境，体会王维"诗中有画，画中有诗"的写作风格。

【设计流程】

一、预习诗词，未雨绸缪

皓皓月光朗照下的森森松林、淙淙流泉、苍苍山石、蓊郁树影组成了一幅韵味幽远的山水画，而这样画中有诗的美景，正是唐代大诗人王维的佳作《山居秋暝》所描述的。

王维（701—761），字摩诘，蒲州（今山西永济）人，官至尚书右丞，世称王右丞。其诗与孟浩然齐名，合称"王孟"。前期写过一些边塞诗，但其作品主要是山水田园诗，通过对田园山水的描绘，宣扬隐士生活；其诗作体物精细，状写传神，有独特成就。苏轼曾赞："味摩诘诗，诗中有画；观摩诗画，画中有诗。"著有《王右丞集》。

二、读诗百遍，其义自见

今天我们就一起来学习王维的《山居秋暝》，这是一首五言律诗，我们在读的时候要注意节奏。五律的一般节奏是两个字、两个字和一个字停顿，简称"221"，也有两个字、一个字、两个字停顿，简称"212"。这首古诗中这两种停顿都有体现。在读这首古诗的时候，还要注意"暝""喧"和"浣"三个字的读音。现在就来听听老师的示范朗读，你们也来读一读吧。

剩下的时间我们一起来品读这首古诗。首先我们来看看这首诗的首联，其中"空山"的意思是寂静的山，这两句诗的意思是"空旷的山野刚下过一场雨，傍晚的天气显得格外凉爽"。这两句点明了时间、地点和天气，首联从"触觉"入手，写出清凉的感受，说明秋意怡人，同时诗人借"空"抒发归隐情怀。

领联中的"清泉"意思是清澈的泉水，这两句诗的意思是"明月在松林间映照，清清的泉水在石上流淌"，描绘了一幅清静的画面。领联是从视觉角度描写明月、松、清泉、石等景物，这些景物清静、幽美、明洁，体现了诗人的归隐情怀。诗人借助"明"写出月亮的皎洁，借助"清"写出泉水的清冽，表达自己洁身自爱、清淡如水，堪称绝唱。诗人为了更好地描绘出这些画面，采用了对仗写法，"明月"对"清泉"，"松间"对"石上"，"照"对"流"。

颈联中的"喧"即喧闹，喧哗，"浣"是洗的意思，"莲动"即荷花摇动，"下渔舟"即渔船顺流而下，整句诗的意思是"竹林里人声喧闹，是洗衣的女子结伴归来，水上的莲花摇动，是渔船顺流而下"。颈联单纯地描绘眼前景象，在欣赏美景的同时，竹林边传来嬉笑声，山中虽然空旷，但并不是死寂，作者从动态角度去描写，更富有真情实感，更富有诗意。为了更好地描写出这个动态画面，作者也采用了对仗的手法，"竹喧"对"莲动"，"归"对"下"，"浣女"对"渔舟"。

尾联中"随意"的意思是任凭，"春芳"的意思是春天的花草，"歇"是凋零的意思，"王孙"在这里指诗人自己，整句诗的意思是"任随那春色逝去，我在这山中自可逗留"。尾联借此表达诗人对官场的厌倦，对宁静平和的归隐生活的向往和追求。

三、一读一问，循序渐进

整首诗作者采用动静结合、视听结合的方法，借助泉水、青松、翠竹、青莲等意象景物，给人以明净、清幽的感觉。这首诗，一方面，向我们展现了一幅幅宁静的乡村生活图；另一方面，也体现了作者追求高洁情操、向往归隐生活之情。

四、诵读比赛，各展风采

同学们，请你们结合刚才所学的内容，再来读读这首古诗。我们一起尝试总结这首古诗，在总结的基础上，尝试背诵这首古诗，怎么样？

四年级《春日》微课教学设计

【设计意图】

《春日》一诗描绘了春日美好的景致，表达了诗人于乱世中追求圣人之道的美好愿望。《春日》也是一首哲理诗，全诗寓理趣于形象之中，构思运笔堪称奇妙。四年级学生已具备一定的品词赏句和感悟诗歌情感的能力，因此，本课教学注重引导学生通过品词、品句、想象画面来深入理解古诗，并在感受语言文字之美的同时，体会诗句的精炼和意境之美。

【设计目标】

引导学生诵读古诗，理解古诗的意思，感受春日的美好景象，感受诗人寻春的愉快心情。同时，从诗中受到启迪，像诗人一样在书海中求知。

【设计流程】

一、以诗引诗，营造气氛

同学们，你们喜欢春天吗？春天是美丽的，是诱人的，是令人陶醉的。古往今来，有许多文人墨客用优美的诗文来赞美春天。

今天我们再来学习一首赞美春天的诗——《春日》。

二、初读诗文，体会韵律

1.这首诗的作者是谁？你们想了解他吗？

这首诗的作者是朱熹。

朱熹（1130—1200），字元晦，号晦庵，别称紫阳，南宋哲学家、教育家。他酷爱读书，学识渊博，是宋代理学的集大成者，也写过一些好诗，善于寓哲理于形象，其中《春日》《观书有感》等较为著名。（他对古代文化典籍重新作了系统的整理和解释，他所编撰的《四书章句集注》《诗集传》等，是自宋代开始中国古代读书人应考必读之书，影响中国700余年。他的思想对日本、朝鲜等国亦有深远影响。他是很有文学修养的学者，诗和散文都有相当高的成就。）

2.当然，要想学好《春日》，我们首先要读好这首诗。

3.在这里，老师要特别提醒你们这几个词的读音，只要将这几个词读好了，你们一定会读好这首诗。下面跟老师一起来读：

泗水滨　　　　光景

等闲　　　　万紫千红

我们再把古诗读一遍，相信你们一定能读得更加准确流畅。

4.同学们，我们读诗不仅要把诗读通顺，还要读出节奏，就像唱歌一样，这样就能读出诗的韵味。古人读诗可以和着节拍吟诵，吟诵古诗有一定的诵读节奏。今天我们学的《春日》是七言绝句，七言绝句通常的节奏是"2221"。为了强化记忆，我们一起来诵读一下，注意停连，把节奏读出来。

5.下面是一位老师的诵读，请大家认真听。（播放录音）

三、疏通诗意，感悟诗情

1.同学们已经读得很好了，但是要想读得更好，还必须理解诗的意思。首先，我们从题目开始，可以大声地读"春日"。"春日"是什么意思呢？就是春天的日子里。

2.同学们，日常生活中我们春天出游踏青一般会选择什么样的日子或者说什么样的天气？（风和日丽、艳阳高照）

3.读一读第一句，看看诗中哪个词语告诉我们诗人出游的天气？是不是很快就找到了？"胜日"，即晴日，天气晴朗的好日子。老师这里有一些资料，对你们理解这句话会有帮助，当然你们也可以看诗后面的注释，这也是学习古诗的一种很重要的方法。

"胜日寻芳泗水滨"："寻芳"，游览、赏玩美好的风景。"泗水"，水名，在山东省中部，它是淮河的支流，也是孔子讲学的地方。"滨"，水边。在泗水边"寻芳"，实际上说的是追求圣人大道。全句的意思是：在风和日丽的一天，诗人到孔子曾经待过的泗水流域去观赏风景。

4.大诗人朱熹在这春光明媚的日子里来到泗水边，欣赏到了什么新鲜奇丽的景色？我们可以开动脑筋，发挥我们的想象：诗人站在泗水边，看到了（   ），听到了（   ），闻到了（   ）。

5.诗人看到这样的胜景不禁脱口而出"无边光景一时新"。在这里，"光景"即风光景色，"一时"指一个时辰，这里形容时间很短，一时之间。全句的意思是：那里风光无限，一时之间，许多新鲜奇丽的景色映入眼帘。

6.让我们在这美丽的春色中一起读一读前面两行诗。

7.春天来了，大地上的每一个角落都充满了春天的气息，一切都显得那么欣欣向荣。这时候，来了一阵春风，轻轻地，暖暖地，给朱熹的感觉是那么亲切，所以朱熹写道："等闲识得东风面。""东风"就是我们说的春风，春天像淘气的孩子，欢乐地奔跑在无边的大地上。你瞧，来了一阵春风，她跑到池塘，唤醒了青蛙；跑到枝头，吹红了桃花，吹绿了枝条；跑到空中，吹来了燕子……这样的春风是怎样的呢？你能用一个词语描述一下她吗？找一找在诗句中诗人用哪一个词写出了春风的特点？是的，"等闲"在这里表示随便、随意的意思。这阵春风随随便便都能被人感受到是那么温暖，那么舒服。朱熹不仅感受到了春风，还看到了春风带来的景色，所以他写道："万紫千红总是春"。

四、赏读《春日》，懂得惜春

同学们，诗人朱熹在泗水河畔游春，心情为何如此快乐？难道只因眼前的美景？这只是原因之一，朱熹欣赏到了万紫千红的春色；原因之二，请听老师细细说来。

《春日》这首诗，不仅是一首咏春诗（赞美春天的诗），而且是一首含意深刻的劝学诗。"劝学"，劝告大家努力学习，劝告大家多读书。"寻芳泗水"是说在孔子的书籍中寻求知识。书中的知识道理，就好像原野上美丽的春色，使诗人耳目一新，深感快乐。正因为朱熹酷爱读书，才学渊博，他才能成为著名的哲学家、文学家、教育家。这首暗喻读书的《春日》诗，对我们是一个很好的启迪。咱们应该像朱熹一样在书海中求知，因为书海中也有一片万紫千红的春色！

五、拓展学习，课外实践

今天我们赏析了古代诗人笔下描写春光的佳句，顿时觉得生活中春意盎然！课下如果大家感兴趣，可以收集或者创作赞美春天的诗歌。

五年级《竹里馆》微课教学设计

【设计意图】

本课教学将"读诗"与"想象"紧密结合，让学生在读中想象竹林的幽静、琴声的美妙、明月的照耀，体会诗中的美好意境。而教学中，一位小同学的范读和最后动画的演示则让学生更直观地从听觉和视觉上获得了美的感受。

【设计目标】

《竹里馆》是王维的一首诗，表达了诗人恬淡、宁静的生活情境和高雅的生活情趣。教学中，要引导学生通过诗来走近诗人，品诗境的幽雅，感诗词的清雅，赏诗人的高雅。

【设计流程】

一、谈话导入，引出诗人

同学们，你们好，你们听过"味摩诘之诗，诗中有画；观摩诘之画，画中有诗"这句话吗？知道这句话说的是哪位大诗人吗？

二、揭示课题，出示目标

这句话是宋代诗人苏轼对唐朝时期的一位著名诗人王维的高度评价。王维，字摩诘。今天我们就要来学习他的一首著名的诗歌——《竹里馆》。

首先，我们来了解一下本节课的学习目标。

1.了解背景，理解内容。

2.诵读诗句，感悟意境。

三、介绍王维，了解背景

下面我们一起来了解这位大诗人吧。

王维是唐朝著名诗人、画家，字摩诘，号摩诘居士。他的山水田园诗被广为传颂，擅长五言律诗。他与唐代大诗人孟浩然合称"王孟"，有"诗佛"之称。现存诗400余首，代表作有《相思》《山居秋暝》等。

《竹里馆》是王维晚年隐居时期的作品。王维早年信奉佛教，正如他自己所说："晚年唯好静，万事不关心。"因而常常独自坐在幽深的竹林之中，弹着古琴以抒发寂寞的情怀。

四、聆听范读，引导释义

了解了这么多，我们把自己融入诗歌的意境中，有声有色地朗读这首诗吧。首先听听这位小同学的朗读……这位小同学是不是读得很棒？

读好诗句，首先要解决疑难词语。幽篁：幽静的竹林。深林：这里指"幽篁"。相照：与"独坐"相呼应，意思是说独坐幽篁，无人相伴，唯有明月似解人意来映照。

整首诗的意思是：我独自坐在幽深的竹林，一边弹琴一边高歌长啸。没人知道我在竹林深处，只有明月相伴静静照耀。

五、想象画面，深情读诗

同学们，王维为什么要一个人坐在幽深茂密的竹林中呢？从哪句诗中可以猜出作者的心思？对了，"独坐幽篁里，弹琴复长啸"。诗人独自一人坐在幽深茂密的竹林之中，一边弹着琴弦，一边发出长长的啸声。不论"弹琴"还是"长啸"，都体现出诗人高雅恬淡的生活追求。

"深林人不知，明月来相照。"作者运用拟人化的手法，把倾洒着银辉的一轮明月当成心心相印的知己朋友，把这首诗升华到了一个更高的境界，同时也显示出诗人新颖而独到的想象力。全诗的格调悠闲，诗人的心境与自然的景致融为一体。

  这首诗描述了诗人在幽深的竹林中享受着安宁与自在的生活，时而独坐冥想，时而弹琴，时而长啸，无人来扰。到了夜晚，自有明月相伴，展现出如诗如画的美景，表现了诗人淡泊的生活态度和高雅的生活情趣。

  下面我们一边欣赏动画，一边有感情地再把这首古诗读一读。

  有兴趣的同学，课下再背背这首诗。

五年级《过零丁洋》微课教学设计

【设计意图】

在教学中，对于这样一首慷慨激昂、正气满满的爱国诗，"读"是至关重要的部分，介绍诗人为"读"打好感情基调，聆听范读为"读"扫清发音障碍，理解诗意为"读"充实爱国深情。结合现实，在"读"中升腾爱国之情，学生不仅体会到了诗人的爱国心，也激起了自己的爱国情。

【设计目标】

通过本课教学，引导学生理解诗中词语的意思，明白每一联中诗句的含义，进而能结合资料感受诗人文天祥慷慨激昂的爱国热情和视死如归的英雄气概，帮助学生树立正确的价值观和远大的理想。

【设计流程】

一、介绍诗人，揭示诗题

同学们，你们好！每当我们的国家或民族遭遇危难的时候，总会涌现出一批民族英雄，他们怀着满腔的爱国热情，保家卫国，甚至献出生命。文天祥就是其中的一个。

文天祥（1236—1283），字履善，号文山，南宋政治家、文学家。南宋末年，他全力抗敌，兵败被俘，敌人多方诱降，但他始终不肯屈服，最后英勇就义。

今天啊，我们就来学习文天祥的《过零丁洋》这首诗，感受他高尚的人格和志向。

二、朗读示范，读准读通

让我们先来读一读这首诗。（插入朗读）

三、解析词语，理解诗意

我们先来扫清诗中的字词障碍。

诗的题目表明这首诗是诗人经过零丁洋的时候写下的。"遭逢"指遇到朝廷选拔。"起一经"是诗人在回顾仕途，他熟读经书，20岁考中状元而做官。"干"和"戈"本是两种兵器，这里指战争。"寥落"是稀少的意思，指宋朝抗元战争逐渐消歇。"四周星"指四周年。文天祥从起兵到被俘，恰好四年。"惶恐滩"是一处险滩，"惶恐"是害怕的意思。"零丁"是指孤苦无依的样子。"丹心"是红心，在这里指忠心。"汗青"指史册。古代在竹简上写字，先以火炙烤竹片，以防虫蛀。因竹片水分蒸发如汗，所以称之为"汗青"。

文天祥在被俘的第二年，经过零丁洋的时候，对自己和国家的命运感慨万千，就写下了这首七言律诗。

同学们，七言律诗的特点是：每行7个字，一共有8行，每两句为一联，分首联、颔联、颈联和尾联四联。

首联"辛苦遭逢起一经，干戈寥落四周星"写了诗人自己和国家的两件大事。"辛苦遭逢起一经"，回想自己受到皇帝选拔，通过科举考试进入仕途。"干戈寥落四周星"指诗人后来在频繁的抗元战争中已度过四年。

颔联"山河破碎风飘絮，身世浮沉雨打萍"运用对偶和比喻的修辞手法，将国家命运和个人命运紧密相连，抒写了国破家亡的悲哀。从国家方面说，大宋国势危亡，如风中柳絮。诗人自己一生坎坷，如雨中浮萍。

颈联"惶恐滩头说惶恐，零丁洋里叹零丁"，"惶恐""零丁"反复出现，巧借两个地名，渲染了形势的险恶和境况的危苦。

尾联"人生自古谁无死，留取丹心照汗青"直抒胸臆，人难免一死，为祖国舍生取义，一片丹心永垂史册。抒发了诗人以死明志、为国捐躯的豪情壮志，表现了诗人的民族气节。

这首诗把叙事与抒情融为一体，从悲到壮，是文天祥在生命最后的日子里留下的肺腑之言，品读这首诗，我们可以感受到文天祥慷慨激昂的爱国热情和视死如归的英雄气概。

正因为如此，这首诗才得以代代相传，一直受到人们的赞颂。

四、感悟品读，体会精神

人固有一死，或重于泰山，或轻于鸿毛。回想我国历史上，为拯救国家，一片丹心垂于史册、映照千古的英雄伟人很多，正是一代又一代的华夏子孙对祖国的热诚衷心，我们的祖国才会像今天这样充满活力，昂首屹立于世界。

同学们要树立远大理想，在今天的幸福生活中努力学习，祝大家梦想成真。

五年级《春望》微课教学设计

【设计意图】

本课教学采取"读""悟"相结合的方式来指导学生学习，在理解难懂字词的基础上指导学生理解古诗每一联的含义，引导学生结合诗歌写作背景和诗人的写作风格，体会诗人深深的悲伤。

【设计目标】

这是唐代大诗人杜甫的一首七言律诗，表达了诗人忧国忧民的感情。教学中要引导学生在读准读通的基础上理解诗的意思，体会诗人流露出的忧国思家的思想感情。同时，指导学生在朗读中感受杜甫"沉郁顿挫"的诗歌风格。

【设计流程】

一、揭题，介绍诗人

同学们，你们好！今天我们来学习《春望》这首古诗。

这首古诗是唐代现实主义诗人所写。这位诗人生活在唐朝由盛转衰的年代，他的诗多沉郁顿挫，后人尊称他为"诗圣"，他的诗反映了当时的现实，故他的诗被誉为"诗史"。你们知道这位诗人是谁吗？对了，他就是大诗人杜甫。杜甫（712—770），字子美，自称"少陵野老"。其代表作有《茅屋为秋风所破歌》、"三吏"、"三别"，著有《杜工部集》。

二、范读，读准读通

同学们，现在来听老师读读这首古诗吧。其中"抵""搔""簪"三个字读音要读准确。你们也试着读一读吧。

三、释义，理解四联

这首古诗是一首五言律诗，分别由首联、颔联、颈联和尾联构成。

首联中的"国"是指国都长安，"破"是沦陷的意思，"城"指长安城，"草木深"是草木丛生的意思。这句话的意思是说：山河依旧存在，京城已经沦陷，春天草木丛生（闹市已成荒苑）。和平年代的长安城热闹非凡，人来人往，而安史之乱后的长安城，残破荒凉，杂草丛生。一个"破"字写出了物是人非的悲凉，一个"深"字也写出了荒芜人迹的凄凉，体现了诗人痛苦的心境和他那忧国忧民的情怀。这些都是作者所见，他将这份情感寄于物中。

我们再来看看颔联的意思：伤感国家动乱时局，热泪飞溅花瓣，悲恨亲人离散，鸟啼令人心乱。作者以物拟人，将花、鸟人格化，有感于国家的分裂、国事的艰难，长安的花、鸟都为之落泪惊心。作者触景生情，写出了亡国之悲、离别之悲。

颈联中"烽火"的意思是战火，"抵"的意思是值，相当。这句话的意思是说：战火焚烧连绵，整整数月不断，家书可抵万金。"烽火连三月"，可见战乱之久；"家书抵万金"，写出了久盼音讯时的迫切心情，正是这份急盼心情让这两句诗成了千古传诵的名句。

尾联中"搔"是抓、挠的意思，诗句中的"搔"字表现了诗人想解愁却不能，是个细节描写，传神地表达了诗人内心难以排遣的忧国思家之情。这句话的意思是说：早已满头白发，而今越挠越少，现在已经少得插不上簪子了。尾联充分写出了诗人心中悲切万分的家国之思。

四、链史，感受情感

《春望》这首古诗写于一个特殊时期。公元755年，安史之乱爆发，长安被叛军占领，唐玄宗仓皇逃往蜀中。公元756年，诗人杜甫得知太子李亨在灵武即位（唐肃宗）的消息后，不顾安危投奔唐肃宗，想再有一番作为，结果在投奔途中被安史叛军抓获掳往长安，过了半年多囚徒一般的生活，与家人久别，存亡未卜。第二年暮春，春回大地，鸟语花香，草木茂盛，生机勃勃，但这却增加了诗人的痛苦和伤感。花落泪，鸟惊心，其实就是诗人因感伤时事而落泪，因痛恨别离而惊心，诗人触景生情，写下《春望》这首诗，表达自己忧伤国事、思念亲人的情感。同学们，请你们带着这份情感再去读读这首古诗吧。

五、总结，尝试背诵

同学们，现在请大家尝试性地总结一下今天所学。好了，同学们，我们来挑战一下自己，一起尝试背诵这首古诗怎么样？同学们，今天的古诗学会了吗？

六年级《石灰吟》微课教学设计

【设计意图】

教学中，教师以同类型的托物言志诗《墨梅》作为导入，让学生产生情感共鸣。在指导读好诗、写好字的基础上，引导学生抓住关键词品诗意、悟诗情，最后结合诗人生平相关资料，进而明白诗中所含之深意。

【设计目标】

《石灰吟》是一首托物言志的诗，表达了诗人清白且不屈的人生态度。教学中，要引导学生读出诗的气势、写好字的笔画、明白石灰坚韧的品格和诗人坚强不屈的精神品质。

【设计流程】

一、温故知新，理解托物言志

同学们，你们好！还记得元代诗人王冕写的《墨梅》这首古诗吗？作者借梅花自喻，表达自己对人生的态度。让我们再来听听这首古诗。（诵读）

中国古代的诗人大多心怀天下、志存高远，他们总是借助一些事物来传情达意，这就是托物言志的表现手法。

二、理解诗题，了解写作背景

今天，就让我们学习明代诗人于谦的一首古诗《石灰吟》，看看这首古诗又表达了作者怎样的心境。

吟就是吟诵的意思，是古代诗歌体裁的一种，"石灰吟"就是赞颂石灰。

一首诗就是一幅画，一首诗就是一种情感。下面让我们先走近这首诗的作者于谦（1398—1457），明朝名臣，民族英雄。于谦从小学习刻苦，志向远大，年少有为，曾领导军队打赢"北京保卫战"，捍卫疆土。他忧国忧民，因个性刚直招致众人嫉恨。有一天，他看到师傅煅烧石灰，只见一堆堆青黑色的山石，经过熊熊的烈火焚烧和锤子、凿子一次次重重地砸敲，变成了白色的石灰，他深有感触，便写下了《石灰吟》这首千古传诵的名篇。

三、读写指导，读好且要写好

教师范读古诗。

听了老师的朗读，同学们一定也想读出诗人的气势，相信你一定能读得很好。这首诗中有两个字需要注意，"锤"字右半部分的笔顺要写对，同时四个横之间的间隙要匀称。"凿"字下半部分要写平稳写端正。

四、解释诗意，知晓石灰品格

认识了生字，让我们来了解诗句的意思。"千锤万击出深山，烈火焚烧若等闲。""千锤万击"指无数次用铁锤击打，用钢钎开凿。请同学们展开想象，石灰石经过千万次锤打，才能从深山里开采出来，它把熊熊烈火的焚烧当作很平常的事，把从开采到烧制，历经磨炼当作平常之事。"若等闲"写出了石灰的态度，不论是千锤万凿，还是烈火焚烧，依然从容不迫。

"粉骨碎身浑不怕，要留清白在人间。""粉骨碎身"指石灰在使用时，要碎成粉末。石灰粉身碎骨也毫不惧怕，甘愿把一身清白留在人世间。"浑不怕"与"若等闲"一脉相承，"要留清白在人间"是前三句的总结和根本原因。

五、结合资料，明白诗人志向

什么是清白？我们通过查阅古籍资料来了解。"清白"一词出自楚辞《离骚》，保持清白的节操，即使死了，也值得。这向来是古代圣贤所推崇的。此处的"清白"一语双关，既指石灰洁白的本色，又比喻诗人自己清白做人的坚定信念，不与世俗同流合污的高尚情操。

同学们，于谦一生为官廉洁正直，深受百姓的爱戴。明英宗时，瓦剌入侵，英宗被俘。于谦议立景帝，亲自率兵固守北京，击退瓦剌，使人民免遭压迫，但最终遭人迫害。

认真阅读资料想一想，石灰本是日常生活中十分平凡的事物，于谦却独具慧眼，从平凡中看出不平凡，赋予石灰崇高的品格和顽强的精神。于谦就是借石灰这种事物寓指自己无论面临怎样严峻的考验，都视若等闲，由此来表明自己持身清白、坚贞不屈的心性。这也是本诗重要的表达方法，借石灰表达作者毫不屈服的精神和清白立世的人生信念。

现在让我们带着体会到的情感再来读一读这首古诗吧，也可以尝试背诵下来。

六年级《观书有感》微课教学设计

【设计意图】

《观书有感》是南宋朱熹的一首脍炙人口的借景说理诗。本课教学化理性为感性，通过介绍诗人、了解背景、抓住字眼、理解诗意等环节引导学生读诗、悟意、明理、生情。

【设计目标】

教学中引导学生在初读、品读、思考中读出诗的韵味，理解诗的含义，体味诗中蕴含的哲理，并能尝试读出诗的意趣。

【设计流程】

一、揭示课题，链接名言

导入：同学们，你们好，我是你们的刘老师，今天我们要学习的这首古诗叫《观书有感》。听到这个题目，大家可能会想到一些关于读书的名言。老师这里也找到了两句名言，请同学们读一读。

循序而渐进，熟读而精思。
读书有三到：谓心到，眼到，口到。

你们知道这些名言是谁说的吗？（对，朱熹）

二、介绍作者，了解背景

朱熹是怎样的人呢？（课件出示作者简介）

朱熹（1130—1200），南宋著名的理学家、教育家、哲学家，后人尊称他为"朱文公"，是继孔孟之后的第三圣人。他的诗作用词讲究，具有一定的哲理。

朱熹读书很注重思考。有一天，他读书读累了，出去散步，走着走着就走到一个池塘边，一塘清水引发了朱熹对读书的又一种思考。于是，他颇有感触地写下了一首诗——《观书有感》。今天我们就来读读这首诗。

三、指导初读，读好诗句

初读古诗。朱熹说过："凡读书，须读得字字响亮，不可误一字，不可少一字，不可多一字，不可倒一字，不可牵强暗记……"首先，请同学们对照屏幕上的自学提示，自学这首诗。读出诗的韵味要注意什么？一要读准字音；二要注意节奏；三要借助插图，想象画面。

我们一起来听听朗读录音！（体会一问一答的句式）

四、抓住字眼，理解诗意

书读百遍，其义自见。读了这么多遍，你知不知道诗中描绘的是什么景物呢？（板书：方塘）多大的方塘？这是怎样的半亩方塘？用诗的一个字眼来回答。（板书：清）

学习一、二句。

浏览全诗，哪几句描绘了方塘的清？（半亩方塘一鉴开，天光云影共徘徊）

"鉴"是个生字，什么意思？（镜子）古人用的是铜镜，不用时，用软布把镜面遮住，用的时候再把它打开，这就是鉴开。镜子有什么作用？"半亩方塘一鉴开"是什么意思呢？短短7个字，运用了哪一种修辞手法？（比喻）把半亩方塘比作一面打开的镜子，写出了方塘的清澈明净。（板书：清澈明净）

"天光云影共徘徊"是什么意思？"徘徊"是什么意思？（来回地走）"天

光"——天上的景象，（蓝天白云清晰地倒映在水中，来回地移动）蓝天和白云一齐映入水塘，慢慢地移动着。那为什么我们可以看到蓝天白云在水里闪耀流动呢？因为水清。喝的水很清，能看见闪耀流动吗？慢慢地移动着，暗示我们什么呢？是活水，池塘里的水缓缓流淌。

同学们，虽然这只是一方小小的景观，却很能够感染人，它清新、自然、清爽、明朗，你能读出这种感觉吗？

品读三、四句。

1.过渡。诗人好学善问，看到眼前的方塘美景，他不禁产生疑问：

问渠那得清如许？（为什么池塘的水如此清澈呢？是啊，到底什么原因呢？诗人自问又自答——为有源头活水来。）

2."为"，多音字，在这儿读 wèi。它向我们解释了池塘清澈的原因——活水不断地从源头流来。

怎样的水才是活水呢？（有源头而常流动的水）

3.我们可以想象，远处山上的瀑布流下的水汇成小溪，溪水源源不断流入方塘，所以方塘的水才能那样新鲜清澈。

4.连起来说说这两句的意思。

5.如果没有活水涌来，方塘会怎样？（师：水面就不会那么清澈了，池塘就会变成死水一潭，水还会被污染，天光云影也徘徊不起来，诗人更不会喜欢这半亩方塘了……）可见，源头活水对于小池塘来说是多么重要啊！

（小结）同学们，诗人看到这半亩方塘虽然小了些，但因为有活水不断流进，水如此洁净，怎能不喜欢呢？配乐读全诗，读出诗人心中的喜欢之情。

五、思考诗题，体味哲理

朱熹说："读书须有疑，方有长进。"整首诗的意思都理解了，学到这儿，你有什么疑问吗？（诗的题目是《观书有感》，可是诗中连个书字都没有，全写的是池塘和池塘中的水）如果把诗题改成《观塘有感》，你们同意吗？

1.作者巧妙地把读书的道理蕴含在诗中，把美丽的方塘风光和读书感想融合在一起，使这首诗的意境得到了升华，这正是朱熹的高明之处，所以这个题目真是妙不可言！

朱熹把读书的道理巧妙地藏在这首写景诗里，使人们一下子就接受了他的观点，真不愧为一个杰出的理学家。而像这样的诗叫作"说理诗"。

2.诗人用了隐喻的修辞手法，将书比作半亩方塘，以池塘要不断地有活水注入才能清澈，比喻思想要不断提高才能活跃，才能避免停滞和僵化。也就是说，一个人必须不断地学习新知识、新技术，才能保持超前的意识和创新的头脑。知识越多越深，辨别是非的能力越强，才能不断认识社会的新事物，适应社会的新发展。这首诗前两句写景，后两句议论，一问一答，用设问的方式形象地表达了诗人独特的读书感受和深刻的哲理。所以，诗人借景喻理，写的是"观塘"，寓的是"观书"。

我想，在我们大家的心里也一定牢牢记住了这两句让我们思考一生的诗——问渠那得清如许？为有源头活水来。这两句诗已凝缩为常用成语"源头活水"，用以比喻事物发展的源泉和动力。

3.总结：当今世界，社会飞速发展，科技不断进步，即使你已经拥有很多的知识，如果停止不前，不再补充新的知识，也将会被社会所淘汰。所以，朱熹先生这首诗中所讲的道理，在今天显得更为重要。请同学们记住，学习是一件终身大事。

六年级《墨梅》微课教学设计

【设计意图】

本课教学以赏梅花图为始，接着引导学生知王冕、读好诗、解诗意、明品格，最后以配乐诵读为终。学生既看到了美（梅）图，读出了美（梅）诗，又学习了梅花的品格，明白了诗人的志向。

【设计目标】

《墨梅》是王冕的一首托物言志诗，诗人以梅花自喻，表达出淡泊名利的人生态度。在教学中，要让学生体会到诗的语言美，领悟诗的意境美，体会诗人鄙视流俗、贞洁自守的高尚情操。

【设计流程】

一、赏梅图，知王冕

同学们，你们好！

1.美好的事物总是让人喜欢（出示四幅梅花图片）。自古以来，有很多文人墨客喜欢梅花，他们写诗赞美梅花的颜色、香气、品格。

2.元朝著名画家、诗人、篆刻家王冕也格外喜欢梅花。他出身贫寒，幼年替人放牛，靠自学成才。他一生爱好梅花，种梅、咏梅，又工画梅，所画梅花花密枝繁，生意盎然，劲健有力。

3.他的屋前屋后种了许许多多梅花，取名为"梅花屋"，并称自己为"梅花屋主"。王冕十分擅长画梅花，被人称为"画梅圣手"。这就是王冕画的一幅梅花图（出示墨梅图）。

二、揭诗题，读好诗

诗人还为自己画的这幅梅花图写了一首题画诗——《墨梅》，今天，我们就一起来欣赏这幅画，学习这首诗。下面请大家跟着录音一起来读读这首诗吧！（范读）

三、解词句，释诗意

要了解诗意，首先要了解诗中一些关键词句的意思。

这里的"洗砚池"是写字、画画后洗笔洗砚的池子。古时候就有王羲之"临池学书，池水尽黑"的传说，这里化用这个典故。意思是说，这幅画画的是我家洗砚池旁边的一棵梅树。

"个个花开淡墨痕"，水墨画中将墨色分为四种，如清墨、淡墨、浓墨、焦墨，这里是说那朵朵盛开的梅花，是用淡淡的墨迹点化成的。

"不要人夸好颜色，只留清气满乾坤。""清气"是指梅花的清香之气。"满乾坤"是弥漫在天地间的意思。这两句的意思是，我不需要别人赞美它颜色多么漂亮，只要它能将清淡的芳香溢满人间。

四、品梅花，明品格

这是一首题画诗。诗中的梅花由淡墨画成，外表虽然并不娇艳，但具有神清骨秀、高洁端庄、幽独超逸的内在气质；它不想用鲜艳的色彩去吸引人，讨好人，求得人们的夸奖，只愿散发一股清香，让它留在天地之间。这正是诗人的自我写照。王冕自幼家贫，白天放牛，晚上到佛寺长明灯下苦读，终于学得满腹经纶，而且能诗善画，多才多艺。但他屡试不第，又不愿巴结权贵，于是归隐浙东九里山，作画易米为生。特别是"不要人夸好颜色，只留清气满乾坤"两句，表现了诗人淡泊名利、洁身自好的品格。

王冕曾说，画梅须具梅骨气，人与梅花一样清。现实中的王冕与他笔下的梅花一样，坚贞不屈。相传由于王冕的画画得特别好，当地的县官和一个有权势的大财主慕他之名，几次想见他都遭到了拒绝。最后，当县官亲自下乡去见他时，他听到消息后赶紧躲了起来，又让县官吃了闭门羹。因而《墨梅》这首诗不仅反映了他所画梅花的风格，也反映了他贞洁自守、淡泊名利的高风亮节。

小朋友们，这首诗你学会了吗？跟着音乐再来读一读吧！（配乐读）

小小"善"字学问大

——"感恩"主题教育微课教学设计

【设计意图】

中华民族是一个礼仪之邦，感恩教育源远流长，自古以来就有"饮水思源""滴水之恩当涌泉相报""谁言寸草心，报得三春晖"的古训。学会感恩、知恩图报是中华民族的优秀传统，值得我们不断继承和发扬。学会"感恩"，对现在的孩子来说尤其重要。本节微课，从学生熟悉的"善"字入手，观字形，解其意，悟其理，将抽象的道理形象化，让学生在有趣的故事中，在语言文字的学习中感知文化的魅力。

【设计目标】

通过有趣的"善"字故事，感知中国汉字文化的博大精深，多角度了解父母、老师的辛苦，常怀感恩之心，懂得感恩。

【设计流程】

一、联系生活，趣识"善"字

大家好，今天刘老师和大家聊聊有趣的汉字。汉字是中华民族特有的一种文字，也是中华文明的象征。有一个字，刘老师非常喜欢——"善"！

查阅资料，老师发现在甲骨文中，"善"的上面是一个"羊"，下面是一个"目"，表示看起来非常美好。

二、了解字源，感受美好

为什么"善"这个字上面是羊这个动物呢？

在中国古代，羊在人们的生活中有着重要的地位。它不仅是人们日常生活中重要的食物，也是祭祀当中必不可少的祭品。

羊性格温顺，能够和人友好相处，所以人们赋予它吉祥、美好的意思。

三、聆听故事，移情体验

小羊羔懂事孝顺，接下来请同学们听一段有趣的故事吧？（播放《羊羔跪乳》录像）

同学们，乌鸦反哺、羊羔跪乳的故事生动有趣。为了报答母亲的养育之恩，小乌鸦和小羊羔都懂得知恩图报，很了不起。

四、发现规律，感受智慧

古人造字的方法更有智慧！老师还发现"善"这个字在不同时期，书写的形式虽然不一样，但是都有人人争着夸赞的意思。

同学们，做对别人好的事就是"善事"，做令人满意的好的行为就是"善举"。在我们学习生活中，我们可以看到许许多多关于"善"的故事。

从出生到现在，爸爸妈妈一直陪伴着我们成长；从步入校园的第一天开始，我们的老师就辛勤指导我们的学习；在这次抗击新冠肺炎疫情中，我们还要感谢勇敢无私冲上前线的医护叔叔阿姨们。

五、心怀感恩，争做"善"事

同学们，"善"的故事还有很多很多，也正是因为有了这么多的"善"，我们才会幸福地生活在这个美好的世界上。

让我们心怀感恩，做一个善良的小朋友，为世界增添一份美好！

"复活节漫画创意"微课教学设计

【设计目标】

1.指导学生了解漫画和其他图画有什么不同，把握漫画特点。

2.观察图意，体会漫画与生活的关系，激发学生漫画创意的兴趣。

3.通过欣赏、创作和描写漫画，培养学生开朗、乐观的个性。

【设计重难点】

用夸张的方法设计形象，并学会表达。

【设计准备】

多媒体课件、画纸、画笔、写话工作纸。

【设计流程】

一、激趣欣赏，引出漫画

1.联系经验，观察图画。

说一说：你喜欢什么画？你画（见）过哪些画？

国画是中国的传统绘画形式，是用毛笔蘸水、墨、彩作画于绢或纸上。

油画是用快干性的植物油调和颜料，在亚麻布、纸板或木板上进行创作的一个画种。

水彩画是用水调和透明颜料作画的一种绘画方法，简称水彩。

2.选择漫画，畅谈感受。

选择感兴趣的一幅漫画（出示三幅漫画：《母子对话》《三毛流浪记》《复活节快乐》），说说漫画的图意、作者的用意及自己喜欢的理由和自己的思考。

二、欣赏漫画，了解特点

1.漫画的概念：漫画是一种具有强烈讽刺性或批评性的图画。画家从生活现象中取材，通过夸张、比喻、象征等手法，来讽刺、批评或表扬某些人和事。漫画能让我们会心一笑，也能让我们有所思考。

2.漫画的构成：标题、画面、提示语。

3.漫画的特点：简洁明了、意味深长、诙谐幽默。

三、创作漫画，把握关键

1.认识四格漫画，欣赏作品。

四格漫画，顾名思义就是以四个画面分格来完成一个小故事或一个创意点子的表现形式。短短几格涵盖了一个事件的发生、情节转折及幽默的结局。

2.把握四格漫画的特点：起承转合带出主题内容。

起：说明故事场景。承：承接上一格，继续铺陈故事。转：剧情发生冲突，气氛转变，或是提出疑问。合：点出故事重点，或是出现惊人结局。

四、观察四格漫画，习作练笔

1.看到了什么？想到了什么？

（1）图上画的是什么？

（2）作者画这幅画是想讽刺什么？

（3）说说自己欣赏漫画后的感受。

2.发挥想象，创编故事。

3.示例引路，练习比较。

示例一：多走一步是文明。

示例二：一幅漫画的启示。

五、自主创作，口诀归纳

同学们，相信大家听了老师的介绍，一定也想试一试创作一幅画，赶快行动起来吧。最后，老师还想送大家一个小秘招：漫画世界真奇妙，夸张幽默少不了，巧妙构思是关键，起承转合心记牢。

"端午节"微课教学设计

【设计意图】

农历五月初五是我国的传统节日——端午节,过端午节是我国两千多年来的习俗。微课设计通过介绍端午节的由来、屈原的故事及端午节的风俗习惯,让学生更好地了解端午节,感受端午节深厚的文化内涵,丰富生活经验。

【设计目标】

让学生通过直观形象的图片,并联系自身的生活经验,在浓浓的节日氛围中进一步了解中国传统节日的习俗,说一说端午节的故事,用心去体验祖国的传统节日中蕴含的意义。

【设计流程】

一、走进端午,了解节日

每年的农历五月初五是我国的传统节日——端午节。

关于端午节的由来,各地也有不同的说法,有屈原说、夏至说、龙日说、恶日说、勾践说、曹娥说等,其中影响力最大的是屈原说。端午节又称端阳节、午日节、艾节、端五、重午、午日、夏节等。端午节虽然在各地名称不同,但各地人过节的习俗是相同的。每到这一天,家家户户都悬钟馗像,挂艾叶菖蒲,赛龙舟,吃粽子,饮雄黄酒,配香囊,等等。端午节与春节、清明节、中秋节并称为中国四大传统节日。

二、故事嵌入，丰富内涵

屈原（约前340—约前278），汉族，战国末期楚国人，是中国历史上伟大的浪漫主义诗人，也是我国已知最早的著名诗人之一，还是世界文化名人。他创立了"楚辞"这种文体，开创了"香草美人"的传统。代表作品有《离骚》《九歌》等。

屈原主张修明法度，举贤任能，联齐抗秦，而屡遭排挤被流放，他无力挽救楚之危亡，又无法实现政治理想，最终投汨罗江殉国。百姓们听说屈原大夫投江自尽，纷纷来到江上，划着小船，奋力打捞屈原的尸体。人们还纷纷拿出家中的粽子、鸡蛋投入江中，让鱼吃了就不会去咬屈大夫的身体。还有郎中把雄黄酒倒入江中，药昏蛟龙水兽，使屈原大夫的身体免遭伤害。这些活动日后都演变成端午赛龙舟、吃粽子、饮雄黄酒的风俗。

三、启发思考，心生敬意

从此，每年农历五月初五屈原投江殉难日，楚国人民都到江上划龙舟、投粽子、喝雄黄酒，以此来纪念屈原，端午节的风俗就这样流传下来。

四、端午文化，源远流长

端午节还有挂菖蒲、蒿草、艾叶，熏苍术、白芷的习俗呢。下面我们就来看一看端午节的习俗吧。

1.吃粽子。端午节吃粽子，古往今来，中国各地都一样。粽子的馅料极其丰富，有蜜枣、花生、腊肉、鲜肉、豆沙、莲子、八宝、火腿、冬菇、蛋黄、莲蓉、板栗、桂圆、什锦、香芋、紫薯等。

2.饮雄黄酒。古语曾说："饮了雄黄酒，病魔都远走。"雄黄酒有杀菌驱虫解五毒的功效，中医还用其来治皮肤病。中国江南民间端午节有吃"五黄"的习俗。"五黄"指黄鳝、黄鱼、黄瓜、咸蛋黄及雄黄酒，据说可以驱邪解毒，强身健体。

3.赛龙舟。这是声势浩大的节日文化活动，是端午节的主要习俗。比赛的队伍在热烈的鼓声中划着他们多彩的龙舟前进。这项活动相传起源于古时楚国人因舍不得贤臣屈原投江死去，许多人划船追赶营救，借划龙舟驱散江中之鱼，以免鱼吃掉屈原的身体。这个传统也一直保持了数个世纪，直到今天，赛龙舟已成为国际性的体育竞赛活动。

4.悬挂艾叶、菖蒲、蒜头。民谚说："清明插柳，端午插艾。"在端午节，家家都悬挂艾叶、菖蒲、蒜头，艾叶、菖蒲和大蒜被称为"端午三友"。采艾要在鸡未鸣以前就出发，挑选最具人形的艾草带回去挂在门上，这样可以驱退蛇、虫、病菌等。

5.佩香囊。小孩佩香囊，传说有避邪驱瘟之功用，实际也是用于襟头点缀装饰。香囊内有朱砂、雄黄、香药，外包以丝布，清香四溢，再以五色丝线弦扣成索，做出各种不同形状，结成一串，形形色色，玲珑可爱。

五、诵读诗词，加深印象

古往今来，流传下来许多关于端午节的古诗词。我们一起来读一读：

端　午

[唐] 文秀

节分端午自谁言，

万古传闻为屈原。

堪笑楚江空渺渺，

不能洗得直臣冤。

自2008年起，端午节被列为国家法定节假日。2009年9月，联合国教科文组织正式审议并批准中国端午节列入世界非物质文化遗产名录，端午节成为中国首个入选世界非物质文化遗产名录的节日。

同学们，让我们看一看、想一想，端午节到了，香港又有哪些习俗呢？

历史故事《曹冲称象》微课教学设计

【设计意图】

本课设计意在引导学生抓住重点词语"赶到""沿着""画线""牵上岸""装石头""称一称",弄清楚曹冲称象的具体方法和步骤;让学生通过比较官员和曹冲称象的方法,明白曹冲称象的方法更科学、简便,进而懂得在学习和生活中要多观察、多动脑的道理。

【设计目标】

让学生弄清楚曹冲称象的具体方法和步骤,明白曹冲称象的方法好在哪里。通过故事内容让学生知道曹冲是一个聪明的、善于观察的孩子,明白在学习和生活中只要多观察、多动脑,就能想出解决问题的好办法。

【设计流程】

一、复习古诗,温故知新

同学们,你们好,还记得北宋时期司马光砸缸的故事吗?七岁的司马光遇事冷静,机智勇敢,砸破大水缸救出同伴,司马光砸缸救人的故事可谓是家喻户晓,人人称赞。今天我们要认识古代另一位善于观察、肯动脑筋的人,他叫曹冲。曹冲，是三国时期魏王曹操的小儿子。曹冲从小聪明，与众不同，深受曹操喜爱。下面我们就来看看曹冲称象的故事。

二、引出故事，思维碰撞

同学们，你们见过大象吗？大象又高又大，身子像一堵墙，腿像四根柱子，是个庞然大物。

你们见过有人称大象吗？在古时候，要称一头活着的又高又大的大象真是一件很难的事。今天我们就来走进课文，看看课文中有几种称象的方法。有官员们认为得造一杆大秤，砍一棵大树做秤杆。可是有了大秤也不成啊，谁有那么大的力气提得起这杆大秤呢？

三、读通课文，了解智慧

七岁的曹冲是怎样称象的？

第一步：先把大象赶到一艘大船上，看船身下沉多少，就沿着水面，在船舷上画线。

第二步：再把大象牵上岸，往船上装石头。等船下沉到画线的地方。

第三步：称一称船上的石头。

第四步：把石头的重量加起来，就等于大象的重量。

我们听了这个故事，是不是很佩服曹冲。官员和曹冲的方法，哪一种更好？从称象这件事上，你觉得曹冲是个什么样的孩子？

比较官员和曹冲称象的方法，说一说曹冲称象的办法好在哪里。曹冲把大船当作大秤，用来称象，解决了没有大秤的问题；曹冲想到用石块和大象进行等量交换，让大象丝毫无损。

四、举一反三，整理收获

从称象这件事上看，曹冲真是一个爱动脑筋、善于观察、聪明又大胆的孩子。这个故事告诉我们，在平时的学习和生活中，多观察，遇事多动脑筋，就能找到解决问题的好办法。

有兴趣的同学可以再读一读曹冲的故事，相信你会有更大的收获。

名人故事《孔子》微课教学设计

【设计意图】

孔子的思想博大精深，让学生在小学阶段了解孔子的教育思想以及相关言论有其重要性和必要性。学习礼，不仅仅是要依礼而行，更重要的是随时警惕自己不要去做失礼的事。非礼勿视、非礼勿听、非礼勿言、非礼勿动，要做到这"四勿"，就必须"克己"，也就是要随时注意约束自己，克服种种不良习性和私心，这其实也正是今天我们常说的"战胜自我"。

【设计目标】

为帮助学生了解故事大意，增加对传统文化的热爱，教学中利用学习锦囊，即借助注释、联系上下文、查找资料、抓关键词等方法突破重难点，让学生经历从不会到会、从不甚了解孔子到初步认识圣人的学习过程，让学生通过听故事、自读自悟，形成积极正面的价值观。

【设计流程】

一、趣聊圣人，导入新课

1.出示名言。

20世纪末，80位诺贝尔奖获得者聚会巴黎，发表了著名的《巴黎宣言》，指出："人类要在21世纪生存下去，必须回首2500年前，从_____那里汲取智慧。"

2.走近圣人。

同学们，你们知道这个人是谁吗？这位被科学家敬仰的人物，就是我们中国的孔子。你对孔子有多少了解？

3.交流资料，了解圣人。

什么样的人可以称为"子"？（知识渊博、品德高尚的人）

你知道哪些"子"？韩非子、老子、墨子、荀子，这些都是我国古代著名的思想家。

4.联系积累，出示孔子名言。

你知道孔子的哪些名言？

三人行，必有我师焉。

知之为知之，不知为不知，是知也。

温故而知新。

有朋自远方来，不亦乐乎？

5.出示《论语》，介绍孔子。

母亲教他识字，他总是专心致志，经常在被窝里还和哥哥一起反复学习。孔子15岁的时候四处拜师求学，后来终于成为一个非常有学问的人。孔子成为学者后，决定授徒讲学。不论什么人，只要有心学习，孔子都愿意教授他。据说孔子一生教过3000个弟子，其中成就高的有72人。"弟子三千，贤人七十二。"

孔子的智慧都记录在《论语》这部书里面。孔子德行高，去世后弟子们为他守墓三年，子贡哀思未尽，又守墓三年。守墓不是在那哭，而是回忆思考老师的言行。后来，弟子和再传弟子将孔子的言行语录记载下来，编成了这部《论语》，也让我们看到了一个伟大的圣人——孔子。

6.师生行拜师礼，畅谈感受。

（1）古人见孔子像要行礼。今天，借此机会，我们来向万世师表，大成至圣先师孔子行礼。起立：正衣冠，肃立。拱手——男左女右，抚心，高揖，拜，兴！

（2）行拜师礼，让你有什么感觉？可以适当观看"拜师礼"的视频资料。

古人尊师重道，心中有敬重。礼仪不仅仅是形式，而是内心的那份敬意。

二、了解《论语》，感知精深

孔子对于治理国家也有自己的一套想法，他认为统治者应该爱惜民力，善待百姓。他勇敢的精神、高尚的品德赢得大家的尊重。下面就让我们来看看录像，了解孔子的故事吧。（播放录像）

孔子是中国古代伟大的思想家、教育家，儒家学派的创始人。他的思想是人类宝贵的精神财富。孔子去世后，他的弟子及再传弟子们共同回忆并记录老师及一些杰出弟子的言行，编辑成《论语》这本书。直到现在，《论语》都是中国传统文化的经典读物，大家耳熟能详。

有兴趣的同学，课下可以查查资料，读读《论语》这本书，让我们一起阅读经典，传承文化。

《弟子规》（节选）微课教学设计

【设计意图】

初步感受中华传统文化的丰富内涵，培养学生对汉语言文字的热爱，明白勤学好问、有所作为，人生才有意义的道理。提高学生的读书兴趣，多读经典，多加积累，学习经典中的积极之处，好好做人做事。

【设计目标】

理解意义，并能在生活中学以致用。

【设计流程】

一、唤醒记忆，背诵经典

同学们，中华民族历史悠久，文化灿烂。经过一年的小学学习，你们一定会背诵一些经典诗词。今天，刘老师给大家再介绍一个经典古训——《弟子规》。

二、引入新知，发现特点

《弟子规》原名叫《训蒙文》。"训蒙文"的意思就是教训启蒙幼童的文章。

后来改名为《弟子规》。这本书为清朝康熙年间的一位秀才李毓秀所作。《弟子规》是依据至圣先师孔子的教诲而编成的生活规范，采用三字一句、两句一押韵的韵文形式。

《弟子规》中的"规"是指规矩、规则，"弟子"泛指每个人。

《弟子规》是古时候学生必须学习的内容，也是古人留给我们后人的礼物。

《弟子规》中的内容以《论语》"学而篇"第六条"弟子，入则孝，出则悌，谨而信，泛爱众，而亲仁。行有余力，则以学文"为全书的中心思想，告诉我们弟子在家、出外、待人、接物及学习上应该恪守的规范。其实就是教育小朋友在家懂得孝顺父母，和兄弟姐妹友好相处；在外要尊敬师长、懂礼貌、讲信用，和别人平等相处，不自私、不傲慢。在培养好了自己的品德后，再努力学习文化知识。能够做到这些，说明你就是一个优秀的人，所以《弟子规》中谈到的规矩礼节是同学们和老师都应该遵守的。

三、读背经典，理解内涵

今天我们选择其中两则来学习。请同学们捧起书本，跟着录音一起读。（播放录音）

第一篇"入则孝"，讲为人子女在家应尽的孝道，包含四层意思：

（1）父母呼，应勿缓。父母呼唤，应及时回答，马上答应。应（yìng），回答，答应。缓，迟缓。

父母呼唤我们，听到就应该马上答应，不要慢慢吞吞，半天不回答，更不能表现出一种无理的态度，或者有抵触情绪，自己不高兴就不应声。比如，你正在看一个好看的电视节目，或者玩得正开心，父母叫你出来吃饭，你不答应，或者答应了半天还是不动。

（2）父母命，行勿懒。父母有事交代，要立刻动身去做，不可拖延或推辞偷懒，也不可高兴做就做，不高兴做就不做。还有的小朋友和家长讲条件，我做了你给我什么奖励？这都是不对的。

（3）父母教，须敬听。父母在教育我们的时候，应该怀着恭敬的心去倾听。不要漫不经心，愿意听就听，不愿听就不听。

（4）父母责，须顺承。小朋友有时做错了事，家长会批评责备我们，我们要赶快承认自己的错误，虚心接受，不要让家长生气。有的时候，家长误解了孩子，这件事明明不怨你，可家长没搞清楚就责备你。作为晚辈，也不要急于辩解，等父母平静了你再解释。这才是真正做到了孝，而且顺。

第二篇"出则弟"，说的是家中兄弟相处之道，以及和长辈一起时需遵从的规矩。（老师要提醒小朋友注意一下："出则弟"中的"弟"，在古时候写成"悌"，意思相同）

（1）兄道友，弟道恭。做哥哥的要友爱弟弟，做弟弟的要对哥哥恭敬。"道"，相处的规范。

（2）兄弟睦，孝在中。这样兄弟姐妹就能和睦而减少冲突，父母心中就快乐，在这和睦当中就存着孝道了。

（3）财物轻，怨何生。对金钱、财物要看轻，少计较，兄弟之间就不会产生怨恨。

（4）言语忍，忿自泯。言语上要忍让，愤怒自然就消失了。讲话时，不要太冲动，伤感情的话，要能忍住不说，那么不必要的冲突和怨恨就会消失无踪，父母就会安心。

四、再读故事，感悟哲理

同学们，读了这两段话，你们是不是明白了很多道理。现在让我们再来听听这两个有趣的故事，好好回忆一下里面的意思。（播放录音）

《弟子规》用简简单单的1000多个字描绘了人生中的100多件事，每件事都包含着一个人生哲理。中国古代的经典文化，就是了不起！

千里之行，始于足下。让我们把今天在课堂上听到的、想到的、学到的知识和爸爸妈妈说一说，做到学以致用、古为今用。相信每个同学都能做一个"文明、孝敬、懂事"的好孩子。今天的《弟子规》学习就到这里，有兴趣的同学还可以找一找这本书，读一读里面的内容，相信你会有更多的收获。

《三字经》(节选)微课教学设计

【设计意图】

《三字经》是我国古代的一种启蒙课本，它内容丰富，言简意赅，非常适合儿童阅读。本课的第一部分说的是为人子者，如果终日不学，待到年迈体衰时，会因终身无为而羞愧；第二部分说的是人如果慵懒度日，不思进取，就会连动物都不如。这两部分都是劝诫世人要好学上进，将来才能有所作为。

【设计目标】

用学生熟悉的故事引入，调动他们的情感，激发阅读兴趣。学生能利用以前学过的知识识记生字，并能在生活中识字。课堂上学生能积极思考，提出简单的问题，并且以四人小组的形式讨论交流，张扬自己的个性，在老师的指导下，领悟文本中蕴含的道理，初步感受学习古文的乐趣。

【设计流程】

一、故事引入，激发兴趣

（1）课件出示图片，教师讲《黄香温席》的故事。

（2）教师引导：这个故事出自南宋王应麟所著的《三字经》，谁会背诵《三字经》? 学生背诵《三字经》片段，教师及时鼓励。

二、了解蒙书，走进读本

《三字经》与《百家姓》《千字文》并称为三大国学启蒙读物，被称为"蒙学第一书"。

《三字经》是中华民族珍贵的文化遗产，距今已经有700多年的历史，可以称得上家喻户晓，脍炙人口，短小精悍，朗朗上口。每句虽然只有三个字，但含义深刻，我们一读就懂。

古人曾经说过："熟读《三字经》，便可知天下事，通圣人礼。"意思是说，熟读《三字经》，就能了解许多事情，懂得做人的道理。今天我们学习的内容就选自《三字经》，相信学完本课，你一定会有许多收获。

现在让我们先来听一段《三字经》的朗读。

《三字经》自南宋以来，已有700多年的历史，现被联合国教科文组织列入"世界儿童道德教育丛书"。

三、品读经典，感悟道理

今天我们节选其中的10句读一读。

1.人之初，性本善。性相近，习相远。

【译文】人生下来的时候都是好的，只是由于成长过程中，后天的学习环境不一样，性情也就有了好与坏的差别。

【启示】人生下来原本都是一样，但从小不好好教育，善良的本性就会变坏。所以，人从小就要好好学习，区分善恶，才能成为一个对社会有用的人才。

2.苟不教，性乃迁。教之道，贵以专。

【译文】如果从小不好好教育，善良的本性就会变坏。为了不使人变坏，最重要的方法就是要专心一致地去教育孩子。

【启示】百年大计，教育为本。教育是头等重要的大事。要想使孩子成为对社会有用的人才，必须时刻注意对孩子的教育，专心一致，不能放松。同学们，你们听过《孟母三迁》的故事吗？（观看视频）

3.昔孟母，择邻处。子不学，断机杼。

【译文】孟子的母亲为了使儿子有一个好的成长环境，三次搬家，最后搬到了学校附近。有一次孟子学习不认真，母亲知道后就割断了织布机上的布，对孟子说，你不认真读书，就像这断布一样，不可能成为有用的人。

【启示】不同类型的孩子应有不同的施教办法。

4.窦燕山，有义方，教五子，名俱扬。

【译文】古时候有个叫窦燕山的人，他很注意培养教育儿子的方法，不仅时刻关注他们的身体健康，还关注他们的学习和品德修养，在他的培养和教育下，五个孩子都成为有用之才，名气都很大。

5.养不教，父之过。教不严，师之惰。

【译文】仅仅是供养儿女吃穿，而不好好教育，是父母的过错。只是教育，但不严格要求就是做老师的懒惰了。

6.子不学，非所宜。幼不学，老何为。

【译文】小孩子不肯好好学习，是很不应该的。一个人倘若小时候不好好学习，到老的时候既不懂做人的道理，又无知识，能有什么用呢？

7.玉不琢，不成器。人不学，不知义。

【译文】玉不打磨雕刻，不会成为精美的器物。人若是不学习，就不懂得礼仪，不能成才。

8.为人子，方少时，亲师友，习礼仪。

【译文】做儿女的，从小就应该多亲近老师，结识品德优良的朋友，从他们那里学习做人处事的礼节和知识。

9.香九龄，能温席。孝于亲，所当执。

【译文】东汉人黄香，九岁时就知道孝敬父亲，替父亲暖被窝。这种孝顺父母的行为，每个人都应该效仿。

【启示】每个人从小就应该知道孝敬父母，这是做人的准则。要知道父母的甘苦，才能孝顺父母，并激励自己刻苦学习。

10.融四岁，能让梨。弟于长，宜先知。

【译文】汉代人孔融四岁时，就知道把大的梨让给哥哥吃。这种尊敬友爱兄长的道理，是每个人从小就应该知道的。

【启示】从尊敬友爱兄长开始，培养自己的爱心。要以友善的态度对待他人，不计较个人得失，才会受到别人的尊敬和欢迎，也才会感受到他人的温暖。

四、激发兴趣，研读背诵

《三字经》是我国不可多得的宝贵文化，它的内容非常丰富，包含中国传统文化中的文学、历史、哲学、天文、地理等知识。背诵《三字经》的同时，可以了解常识、传统国学及历史故事，明白故事中做人做事的道理。

"熟读三字经，可知千古事"，有兴趣的同学，课下可以再细细读读这本经典。"人不学，不知义"，不断学习，相信你一定能做一个腹有诗书气自华的优秀学生。

第四辑 研学之思

在香港语文教学支援组的指导下，基于对香港语文教育的总体思考，我们开展了"走向经典 群文阅读"年度总课题研究。在总课题的指引下，结合校情，我指导自己支援的两所学校分别开展了"基于'读中悟道'的整本书阅读教学策略研究""实践'单元整体，读写一体'理念，提升学生写作能力"的校本课题实践与研究。

以生为本，关注学生学习的多样性，学生学习中文课的兴趣大大增加。在实践中我们获得新的教育启示：情境阅读，趣味识记，助力非华语学生形象学习中文；以"群文"为载体，用"经典"来传承，让学生"获益"更多。从反馈的情况看，我们的研究有意义，也有价值。

"问渠那得清如许，为有源头活水来"。富有针对性的课题研究为香港学校中文科教学引进源头活水，使校本教研焕发生机，在提高学生阅读速度和写作水平，让学生亲近经典、爱上阅读、传承文化等方面取得了显著成果。

目标明确　有的放矢

9月的第三周，我们开始驻校。

香港的中文科教学有其自身的特点。中文科学习作为"两文三语"的重要组成部分，占据独特地位。教好语文，既要通过增加阅读量、扩大阅读面来启发学生的深度思考，也要大力推动用普通话教中文，提高学生运用普通话的能力。我们以学生为中心，以发展为基本点（包括教师和学校的发展），加强对学校语文课程校本建设的指引，加强对语文阅读和习作教学的规划，注重提升学生的语文实践能力。秉承专业精神，传播教研理念，《课程指引》引领着我们和香港的老师们在研究中共进。

一、把握校情，了然于胸

有位哲人说过，太阳每天都是新的。对我来说，驻校的每天都不寻常。香港的学校工作节奏快、计划性强，学校老师办事重效率，教学重实操。我就见缝插针和统筹主任、协作老师做好对接、沟通，通过访谈和观察，全面了解校情、学情，制订协作计划。

（一）发展中的圣公会圣十架小学

圣公会圣十架小学是香港九龙城区一所年轻而富有活力的基督教男女学校，2015年迁址新建，环境优美，设备齐全，国际化的办学视野引领着师生快速发展。学校目前有28个教学班（其中1—5年级每个年级有5个教学班），推行小班化教学，每班学生在25人左右。各年级5个班根据学生的普通话水平，分为3个用粤语教中文和2个用普通话教中文的平行班级。走进圣公会圣十架小学，校长的热情、教师的友善、"十架小精兵"们的淳朴可爱都让我感觉像是走进了温暖的大家庭。

驻校第一天，参加学校晨会，"小翻译"的友情支持，让我知晓学校每周的工作重点；参观校园、走廊、班级文化，用心体悟学校的全人教育理念；登录学校网站，浏览校园信息；走进风雨操场，课间小憩了解学生兴趣爱好。9月16日第一天驻校，我们就召开了四年级协作老师的研讨会，交流、分享、合作，达成了默契。

（二）有点特别的天主教总堂区学校

天主教总堂区学校，位于香港中环律打街（香港的老城区），成立于1967年，是一所全日制政府津贴男女小学，学校面积不大，但能因地制宜开展各种活动。学校九年前开展国际化教学课程，吸纳了来自世界各地的学生，因此校内50%的学生是来自40多个国家的非华语学生。走进校园，不同肤色的学生总会友善地和我点头打招呼。为了让学生了解中国文化，提高学生综合运用中文的能力和水平，近年来学校积极推动中文科教学的研究。9月17日驻校当天，统筹主任冼倩仪老师就邀请我参加了中文科会议。会议的形式耐人寻味，没有三令五申的强调，大家在老师参与的一幕幕情景剧表演中各抒己见，研讨提高中文教学的策略，如将多种元素融入阅读作文课堂、关注学生学习多样性、促进学生发展性评价等。会议的内容看似轻轻松松，实则干货满满。

圣公会圣十架小学和天主教总堂区学校的办学理念、校园文化虽然不尽相同，但全人、校本、多元的教育思想却是共通的。在语文课堂中，两所学校的老师都注重阅读策略的培养，关注学生思维的发展，这是香港老师表现出来的更专业的一面。对话、交流、沟通，驻校工作拉开帷幕。

二、聚焦课堂，精准施教

（一）基于现状，解读教材

两所学校的中文科教材由学校自主选择，一所学校选择的是朗文出版社出版的《学好中国语文》，另一所学校选择的是现代教育研究社出版的《现代中国语文》。认真阅读这两本语文教材，我们发现，它们都有鲜艳的插图，大小适中的开本，通俗易懂的语言。香港小学教材更关注生活，语言口语化，中文教学注重实用性、实践性。一个学年有四本中文科教材，一学期两本，教材以主题单元进行编排，单元学习目标和要求具体明确，注重知识的记忆理解、衔接过渡。如果说内地语文学习关注人文性与工具性的统一，香港教材的一个显著特征就是重工具性而轻人文性。

香港教材的另一个显著特征，就是注重语文知识点的训练与过关，因此教材中呈现出很明确的语文知识目标，即在一篇篇课文之后，会出现有关的字、词、句、段、篇的知识点，每一个单元又有相应的重点，串联起小学阶段的过关要求。正因为教材中突出呈现了语文知识点，相应的这些知识点就成了学生必须掌握的"要点"和"考点"，教师拿到教材，也不免以此为教学重点。于是，在观课中我们就看到，教师几乎是把一篇课文分成"讲解课文"与"分析知识点"两个板块，其中又将重点放在了"分析知识点"上，忽视了学生的阅读体验，也忽视了教学的整体性。

（二）集备建模，提升成效

香港《课程引导》提出：要提高学生读写听说能力、思维能力、审美能力和自学能力；培养学生语文学习的兴趣、良好的语文学习态度和习惯；培养审美情趣，陶冶性情；培养品德，加强对社群的责任感；体认中华文化，培养对国家、民族的感情。

香港学生在"两文"学习中最弱的是中文，"三语"中最弱的是普通话。改变学生的学，就要改变教师的教。学校是学生学习语言最好的场所，中文课堂应该是学习普通话最好的场所。中文科教学，阅读是重中之重，一方面要指导学生在学习过程中发现语言表达的奥妙，指向语言的运用；另一方面要让学生在语言文字中得到情感的熏陶，获得正向的教育。只有把阅读搞好了，才能盘活学生语文学习的一盘棋，给中文课堂教学引进源头活水。

备好课是上好课的前提和关键，驻校初期，我在指导两所学校建构共同备课模式、照顾教学差异性方面做了尝试，取得明显的效果。每周一次的集体备课主要包括以下环节：①主讲人派发教学资料，分析教学重难点，设计核心问题；②教师分享交流，重点探究普教中班和非普教中班、优质生和普通生的不同教学策略和方法；③交流人员给予教学建议；④达成一致意见，在课堂教学中实施；⑤反思个人教学成效，总结经验。五个环节的集体备课照顾了教师和学生的差异，具有较强的针对性，既便于达成共同的教学思路，又利于教师形成各自的教学风格，快速成长。

（三）群策群力，和谐共进

1.示范带动。

课堂上由于学生阅读的时间不充分，所以学生不愿意读，即使读也难免出现拖音、顿读、回读的现象，阅读的效果不尽如人意。万事开头难，初到学校，我充分发挥语言优势，利用晨会时间和师生见面，先自我介绍，然后介绍家乡风光、乡土文化、寓言故事、童谣美文，加强沟通，增进了解。第一次见面，大家都热情地称呼我"普通话刘老师"。

重阳节、中秋节来临，我给全校师生做专题演说，分享重阳节、中秋节的来历、风俗习惯和如今赋予的新内涵。同时用心制作电子简报，直观形象的图片、生动有趣的故事、风趣幽默的介绍，让老师和学生对中华传统经典文化充满了好奇和兴趣。

中国文化日、学校旅游日、圣诞节期间，我主动为学校网站录制系列小故事，给学生介绍丰富的春节文化，讲述"年"的故事，介绍圣诞节的传说，让他们在中西方文化对比中，感受中国文化的独特魅力；和学生一起旅游踏青时，我会带着大家一起诵读古典诗词，让学生一边享受自然的美景，一边体悟祖国古诗词的韵味；参加普通话集诵指导，我会根据不同文体，指导师生确定朗读基调，进行朗读的"二度创作"等。慢慢地，课间学生会主动和我聊天，向我介绍自己、介绍香港的生活和风味小吃，写一首小诗送给我，老师们也主动和我分享学校的课程理念和做法，还有老师主动教我说粤语，在一次次的沟通交流中，我们成了无话不谈的朋友。

零距离的示范不失为指导教学的最佳方式，我所做的《猫和老鼠》写话小练笔、《金牌背后的汗水和泪水》公开课教学得到了校长和各位老师的高度评价，给非华语学生走班教学的《春节》，也获得了学生的好评。

2.观课议课。

课堂是研究的主阵地，提高课堂教学效率，激发学生阅读和写作的兴趣不能一蹴而就。课堂观察发现，教学过程较弱的环节是利用有效的提问作为发展性评估以促进学生的学习。协作老师在阅读教学中通过提问引导学生大量重述课文内容等做法，无助于学生深入学习。我首先引导教师研究教材，把握文本特点，设计核心问题；其次，设计有层次的工作纸（相当于导学单），引导学生课前、课中、课后学习和理解；最后，关注学生学法指导，如怎样创设教学情境，做到读写结合，并适时进行群文阅读的链接和拓展，注重方法的引导。带着这些困惑和问题，我们一起走进协作老师的课堂，改变固有的教学模式，建构"三步走"的阅读教学流程：初读课文，争取字正腔圆，发音正确；再读课文，注意角色变化，适当理解，协作教师注意示范，带领孩子朗读；品读课文，让学生自由地表达，打造学生阅读与习作的兴趣链，全方位地激发学生的读写兴趣。课堂上，学生读书的时间明显增多了，读写结合的比例安排逐步加大，单元教学的整体感增强了，"三步走"的阅读步骤落地生根。多元素的融入，让中文课堂变得生动有趣。学生在生动的课堂活动中，学会了"读（写）什么"和"怎样读（写）"，从而达到教而无痕的教学意境。

3.专题分享。

驻校协作中，我指导教师和学生以读为本，通过层层递进的读书活动，发现文章语言的表达特色，并尝试练笔，以读促写，读写结合，促进学生高阶思维训练，提高书面表达能力。边总结边提升，圣公会圣十架小学开展的"立足单元整体，促进读写提升"的教学实践以"实践'单元整体，读写一体'理念，提升学生写作能力"的校本课题研究为突破口，通过初读立足整体、精读把握细节、赏读着眼评价三段式学习，初步达到"读写结合，读写互动"的目的。

天主教总堂区学校以照顾非华语学生的多样性，培养他们自主阅读的能力为宗旨，依据非华语学生的强项（说话能力强）和弱项（读写水平低），鼓励老师合理分组，分层设计工作纸，利用图画书的示意功能，让学生趣味识记生字，理解词语。我指导协作老师通过多样化的、连接生活经验的语文学习活动，优化阅读教学，使教与学的目标有效达成，还利用传统文化日共建、普通话集诵指导等活动，营造普通话学习环境。我还和协作老师一起创编整本书表演剧本，提高了学生的阅读情趣。教学初步实现了"趣味识记，情境阅读，让非华语学生形象学习中文"的目标。

三、初见成效，变阅读为"悦读"

集体备课、观课议课、示范教学、工作坊分享等多种形式的教学活动的开展，让协作老师掌握了有效阅读和读写结合的教学策略。协作老师尝试用多元方法评估课业，照顾读写层次不同的学生，能善用多媒体教学资源辅助阅读和写作教学，并适时链接小群文拓宽学生的阅读面，增加阅读量，丰富学生的积累，培养语用习惯。大部分学生也能处理较高阶的篇章，提升了阅读和写作能力。理论和实际紧密结合，使教师知其然并知其所以然。

"纸上得来终觉浅，绝知此事要躬行。"我们真切感受到：通过改变教师的"教"，可以让学生从小学起始阶段感受学习中文的乐趣；通过改变学生的"学"，可以引导学生打好语文学习的基础，能力强的学生得到认同，能力中等的学生得到启发，能力稍逊的学生得到尊重。

语文教学到底是重"情"还是重"法"，是崇尚"文以载道"还是"文以致用"，内地与香港的教师通过不断的探索和研究，互相交流学习，努力寻求工具性、人文性的平衡点、融汇点，使中文教学散发出迷人的魅力。让中文课堂成为启迪学生智慧、促进学生成长的园地，这是我们的共同心愿，也是我们携手前行的方向。

满满的负荷，种种的挑战，每天虽忙碌，但充实并快乐。

运筹帷幄　读写提升

——"单元整体，读写一体"校本课题阶段思考

为使校本课题的研究有效开展，我着力做好以下几方面工作：

一、寻因细致分析，教学问诊把脉

走进圣公会圣十架小学四年级教室，观察每位中文科老师的教学，发现老师们在课堂上讲的多，学生读的少。学生有三个"不愿意"，即不愿意大声朗读、不愿意参与表达与评价、不愿意主动背诵和积累，教学费时低效。对此，我做了问卷调查，分析统计结果发现，学生习作词汇贫乏，不知如何组织写作材料，对写作缺乏持久兴趣和动力，有敷衍现象。

究其原因：学生的阅读和写作好比两条腿走路，教师重视知识的分析讲解，忽视了学生潜移默化、持之以恒的写作训练。

二、确定支持思路，明确研究目标

阅读与写作相互联系，相互促进。前者是输入、吸收，后者是输出、表达，阅读和写作同步提升达到共赢，目的在于引导学生在理解语言文字的同时，训练思维，体会作者是怎样观察事物、思考问题的。把领悟到的知识和能力用于读，提高理解能力；用于写，提高表达能力。

因此，中文科教学应以"阅读"与"习作"为重点：（1）确立整体阅读观：依托教材，立足单元，通过读说渐进、读写结合、读写一体三种模式不断推进教学。（2）开展小群文链接：建构有条理的写作序列，以增、删、改为手段，对课本阅读作出必要的补充和延伸；利用仿句、造句，建构思维导图等方法引导学生积累素材、学习经典文段的表达方式。

三、采取多项措施，提高研究实效

（一）集体备课前的准备细致而有效

为了让老师们对四年级阅读和写作教学有一个完整而清晰的概念，撰写示范教学设计是必要的工作。这样老师们在独立设计时就有了可参照的对象。在集体备课前，先指导主备教师提前设计好教案，精心修改，对教学理念、方法以及修改的缘由进行备注，以供其他教师参考。

（二）集体备课时的交流全面而有效

有了充分的准备之后，我们集体备课时的交流就全面而有效。但基于逐渐渗透的原则，我们没有将四年级阅读与写作教学的理念、方法与策略全部展现给老师们，而是根据老师们所撰写的教学设计情况，有的放矢，关注老师们的接受情绪，这样在具体的案例中，老师们会更好地理解与运用所推荐的方法。

（三）多形式引领，改变教与学的方法

1.趣编歌谣，变被动为主动。

课题实验中，指导老师强调要让学生真正成为语文学习的主人，阅读兴趣的提升是关键。针对学生中文科学习特点，我们创编了8首朗朗上口的课堂行为规范歌谣辅助教学，让学生在读读唱唱的轻松愉快的学习中习得语言。

2.分层阅读，变讲解为体验。

教师要改变课堂过分关注工具性的特点，单篇课文教学要重视引导学生学会阅读，并分层推进，即初读感知，精读理解，深读品味。单元整体教学既可以采用单篇课文教学步骤，也可以采用主题单元渐进式的教学策略。

3.及时仿练，变定时为随时。

读中仿写，可以让学生得到及时的训练。群文阅读，让学生在一节课中阅读多篇文章，不仅加大了学生的阅读量，更重要的是让学生在多篇不同体裁的短文阅读中进行比较归纳、分析综合、深入思考，为学生学习多样化的阅读方式和写作奠定基础。

表达方式上仿写。单元主题是"段落的前后衔接"，在教学《鲍叔牙真心

待友》中，引导学生认真思考：如果课文第二和第四自然段的顺序调整，有影响吗？学生认为，两段内容可以调整，影响不大。老师让学生链接阅读《夸父逐日》，对比分析：能否调整段落？之后引导学生通过《对手》《鲍叔牙真心待友》《另一个我》《真正的朋友》四篇课文的对比阅读，感受程序式和并列式表达效果的异同。学生就会发现，虽然表达不同，但都紧紧围绕"栽一棵友情树"这个话题进行描写。写作中，教师尝试让学生在不同的表达形式上进行模仿。

表达主题上仿写。教学《鲍叔牙真心待友》后，让学生链接欣赏春秋时期另一个感人的故事——《高山流水》。学生在阅读课文、聆听故事之后，再来写《我的同学》，自然而然就能按照程序式集中写一件事，也可以按照并列式来写和同学之间的几件事，学习积极性自然提高，难度自然下降，写作也就显得不那么困难。让学生在一节课中阅读多个经典片段，不仅加大了学生的阅读量，更重要的是让学生在多篇不同作家、体裁的文章阅读中进行比较归纳、分析综合、深入思考，为学生学习多样化的阅读方式、终身阅读与发展奠定了基础。

表达内容上仿写。课文《木棉花开》按照花开的时间顺序描写了木棉花的形状美、颜色美、形态美，教学后教师可引导学生阅读叶圣陶先生的《荷花》、郭沫若先生的《石榴》，在阅读中感受大作家笔下的植物鲜活灵动，提升阅读力和思考力，进行多方面的言语实践。同时让学生思考《木棉花开》为什么写得美。在进行实用文的日记练习中，教师可以指导学生续写作文：以"今天是星期天，我独自坐在家中的沙发上百无聊赖，忽然看见……"为开端写一篇日记，描述自己看见的景物，让学生从课内走向课外，写出感受，表达水到渠成。

课题研究取得的初步效果：

专业发展。形成教研风气，建立良好的社群教研文化（工作坊活动、集体备课、社群观课议课及示范教学制度）。

形成策略。中文科教学尝试进行读写结合的"131"小群文教学策略，即单元一个整体，一学二仿三迁移的三个施教步骤，达成读写训练有机融合的一个整体目标。学生阅读习惯培养得到重视，习作思维水平不断提高，学生习作顺利完成从句段模仿到尝试创作的过渡。

教学变化。教师注重学生高阶思维训练，提高教学整体意识。教学中，围绕一个议题选择一组相关联的文章，引导学生围绕这一议题展开立体式的自主阅读，不仅关注学生的阅读数量和速度，更关注学生在多种多样文章阅读过程中的意义建构，对全面提高学生的阅读和写作素养具有十分重要的意义。

下一步工作安排：

学生阅读和习作水平的提高不是一蹴而就的，目前还有不少学生存在不会审题、语言表述简单、时间安排不合理等现象，研究工作需进一步深化。（1）进一步优化协作成果。协作年级读写结合的初步成果，可以在不同年级同一主题课文之间进行对比阅读，也可以推广小群文链接促写作的经验，使效益最大化。（2）进一步拓展阅读面。建立"1＋X＋Y"群文阅读链的教学框架，形成单篇、多篇和整本书的阅读思路，扩展学生阅读面，提高阅读质量，从而全方位提高学生的语文素养。（3）进一步强化写作训练。多读多写多练习，让学生逐步增强自信。

播撒阅读的种子　静听花开的声音

——《读中悟道的〈西游记〉整本书阅读》课题阶段思考

岁末年终，天主教总堂区学校的联欢会上，非华语学生表演的《三打白骨精》栩栩如生，迎来了全场师生阵阵掌声。在我和五年级协作老师的共同努力下，《西游记》整本书阅读活动在香港天主教总堂区学校如火如荼地开展，给课堂带来了许多意想不到的变化。

根据五年级学生的特点和培养阅读能力的需要，我们确定《西游记》整本书阅读重点为：学生原生态自读，尝试探究唐僧师徒四人取经途中有趣而生动的经历，展开想象的翅膀；瞄准奇趣精彩的情节，师生开展思辨式共读，在文言文的字里行间认识鲜活立体的人物；整合式延读，把《西游记》整本书阅读融入日常教学，从书本故事到学生的真实认知，做到触类旁通举一反三；陪伴学生研读《西游记》，师生共同经历聚沙成团垒成山、无限风光在险峰的阅读过程。

一、原生态自读，破译奇趣密码，激发"爱读"

（一）导读激趣，感受奇幻的变化

导读课上，教师播放影视作品"猴王出世"的片段，有趣的画面一下子把学生代入魔幻的情境。学生走进课文，或跳读、或浏览，部分文言色彩浓厚的词语，如"上溜头""瞑目蹲身""拱伏无违""序齿排班"，学生凭借已有的阅读经验，结合注释，联系上下文，可以大致猜出意思。"好读书，不求甚解"，略读课文《猴王出世》，学生感受到孙悟空的与众不同，由仙石孕育，出生便自带光环，轻松愉悦的阅读环境让学生对单篇课文阅读兴趣浓厚。故事的复述合情合理，生动连贯；跟随美猴王翻云覆雨，感受他的七十二般变化，更是其乐无穷。枯燥静止的文字有了温度和深度，扑朔迷离的情节激起学生阅读的欲望。

（二）回目预测，想象精彩的故事

学生读书，都要经历阅读、整理、探究阶段。巧用预测，能调动学生已有的经验，拉近与文本之间的距离。翻开《西游记》，快速浏览封面、前言、目录、后记，知道全书有一百章，章又称为"回"，全书共四十一个小故事，每个故事由一回或几回组成，这种形式叫章回体。回目字数相等，语句精炼，以时间为轴，从春夏到秋冬，章章有故事，回回有酸甜苦辣。取经路上，师徒四人经历了哪八十一难？怎样克服的？学生浏览回目展开预测，老师鼓励学生大胆发表自己的见解，例如"我读到那儿就想到了……"。学生边阅读边合理推测故事情节，在丰富的阅读实践中听说读写能力得到有效提升，阅读从浮光掠影浏览逐步过渡到下马看花细细品味。

（三）话题引领，催生思维的火花

学生作为一个阅读的独立个体，阅读的喜好不应受老师控制，但老师可以根据学生阅读中的兴奋点、困难点，适时设计学生感兴趣（或有意义）的话题学习任务单，指导学生深入阅读。任务单设计要注重激发学生与书中人物、情节建立联系，唤起学生对真善美的感受，这样阅读会更有兴趣。例如组织学生思考：孙悟空为何当上了"齐天大圣"还大闹蟠桃会？鲁迅评论《西游记》"神魔皆有人情，精魅亦通世故"，你认为师徒四人中哪一个最富人情味？你最喜欢哪个人物？最喜欢哪一章回？

孔子曾说："知之者不如好之者，好之者不如乐之者。"学生在任务单的引领下亲近文本，主动阅读，谈发现、说疑问，分享独到见解，积极的交流就是原生态自读的最大收获。

二、思辨式共读，感知人物形象，推动"多读"

五年级学生读叙述性文本，要能抓住事件梗概，感受情节推动过程中的趣点。读整本书也一样，不能遍地撒网。一个故事读下来用几句话概述内容，定格几个特写镜头，记录阅读感受，学生是可以完成的。"斩断心猿即悟空，行者斗战成胜佛"，《西游记》中人物众多，在阅读推进课上，可以孙悟空这个人物形象为线索，着眼导、品、悟三步架构学生与文本之间的阅读桥梁，学生感受越深入，体验越精彩。

（一）着眼"导"，让阅读思维可视化

"提领而顿百毛顺"，选择学生感兴趣的章回，运用思维导图开展"读书—绘图—分享"式的阅读活动，能给学生提供一个融读书、思维、表达为一体的实践机会。学生浏览故事了解大意，再读故事，尝试用几句话（或几个词）确认重要信息，脉络梳理清晰直观，阅读效果事半功倍。如在阅读第二十七回"尸魔三戏唐三藏，圣僧恨逐美猴王"时，在故事的开端、发展、高潮、经过、结果中，随着阅读的推进，学生抓住情节，梳理故事，通过树状图、山行图直观呈现故事来龙去脉，作品布局谋篇一目了然。

（二）着眼"品"，让经典形象可视化

"字里行间众生相，大千世界你我他。"在阅读过程中聚焦人物的动作、语言、神态，让学生潜心会文，前勾后连，能生成更为丰富、完整、深刻的认识，进而培养学生阅读理解、解释推论的能力。

在阅读分享课上，学生聚焦第二十七回中描写白骨精每次变化的语句。文中写道："白骨精不胜欢喜，自言自语道：'造化！造化！都说了唐僧肉可以长生不老，今天机会来了！'"观其言知其行，白骨精花言巧语诡计多端，连生三计，先后变作村姑、妇人、老父。观其行见其心，透过"不胜欢喜""摇身变作""径直走到"等词语，学生的脑海中会浮现白骨精一颦一笑、一举一动的画面。面对白骨精的三次变化，孙悟空火眼金睛，通过劈脸一棒、当头一棒、抡起一棒置白骨精于死地。白骨精的"三变"、孙悟空的"三打"和唐僧的"三责"，体现了白骨精贪婪奸诈、孙悟空勇敢正直、唐僧善恶不分，人物鲜明的形象跃然纸上。

从阅读中来，到阅读中去，丰富的阅读体验让学生获得多样的语言实践机会，阅读逐步深入！

（三）着眼"悟"，让精彩情节可视化

语文课程是一门学习语言文字运用的综合性、实践性课程。伴随《西游记》阅读进程，教师适时点拨：九九八十一难，四十一个故事，同样是擒、拿、捉、打，同样是除魔，不同人物，不同章节，人物的语言、动作、外貌、神态有什么区别？通过写作手法相似的回目对比阅读，学生可以多角度、全方位了解人物，把握人物形象，发现文章表达上的特点。如在阅读第二十七回、六十一回、八十一回后，对比三段故事，不难发现与"三"相关的情节都有着螺旋上升、一波三折的反复叙事特征，在前进—阻碍—前进的过程中紧凑地把故事推向高潮，将双方矛盾激化到极致。

在整本书阅读推进过程中开展思辨式共读，有引导就有发现，有品析就有提升，有比较才有鉴别，学生会发现不同章回写作上的相同及不同之处。为便于操作，教师可把每个章回的思维导图或者各类表格做成阅读任务单，帮助学生浏览故事，抓住情节梳理脉络，思考文章在故事情节、变化对象及语言表达形式上，有哪些不同之处，又有哪些相同之处。从阅读思辨出发，学生的阅读从单篇到多篇，从表象到深层，《西游记》中众多人物真善美的形象不再是笼统、模糊的概念，具体到每一章回，人物表现都是精彩纷呈的。

三、整合式延读，紧扣语文视角，引导"会读"

整本书阅读如一粒种子，播种下去，会不断地发芽、开花、结果，如多米诺骨牌，一旦形成阅读习惯，就会带来惊喜的"链式反应"。在学生阅读的过程中，教师要不断丰富阅读形式，让整本书阅读紧紧围绕语言、思维、审美、文化的不同角度去展开，让每一位学生都参与到阅读的进程中。这一做法表面上看是从阅读到阅读，但是在这样的学习过程中，学生对语言文字的感觉不一样了，语言中所承载的形象、情感已经或多或少浸入学生的思想中，学生的语文素养逐步提升。

（一）想象说，忆故事

借助熟悉的画面，选取《西游记》影视中经典音乐，猜一段妙趣横生的经典小故事，着力让学生用完整、通顺的句子复述故事。这样说不仅让《西游记》充满了想象的空间，更让学生在交流分享中锻炼了自主表达。

（二）创意演，读故事

《西游记》自身的特点决定了可以将内化的知识外化于行进行表演展示，

如结合观看影视片《西游记》创编课本剧表演故事。课本剧是点亮学生思维的高光时刻，学生通过人物角色对话、动作、表情再现师徒四人面对邪魔的种种举措，在学中融入自身的体验和感受，在读中感悟创造，增强了阅读自信。

（三）大胆写，品故事

用读来促进写，用写来深化读，在阅读过程中架起读写结合之桥，科学施练，让读写结合之花在课堂绽放。学生的阅读能力、写作意识和思维训练三者融为一体，知识得到了有效迁移。如为师徒四人设计名片：进行外貌描写，总结人物性格……。写创意读后感：悟空（八戒、唐僧），我想对你说……。有的学生给西游人物设计了精彩的名片，名片上的漫画人物还配有简单介绍；有的学生以西游人物的口吻写阅读日记，通过日记反映每一周的阅读收获；还有的学生假设自己组织了一次活动，邀请西游记中的人物来参加……

非华语学生随班就读，是香港学校的一个特点。因此，如何关注不同层面的学生，是教师课堂上应该时刻注意的问题。"立身以力学为先，力学以读书为本。"起初，学生凭天性和直觉来阅读《西游记》，感觉晦涩难懂；之后，教师埋下奇趣的种子，引领学生适时围绕重点话题展开阅读研讨，以读促思，以读促悟，探寻书中精彩的情节、精妙的语言。随着教师对整本书的跟进指导，学生习得策略和方法，从中期阅读的一知半解到班级读书交流分享会上的畅所欲言，一个个鲜活立体的人物，一篇篇离奇曲折的故事，逐渐走进了学生的语文世界，一种锲而不舍的西游精神正在改变着学生的阅读行为。有了学生自我的阅读，《西游记》整本书阅读渐行渐深。

这样的课堂，听课的老师对聚焦中华文化、提供有效策略等都赞赏有加。更难得的是，教师和学生通过阅读活动得到成长，这才是最有意义的。

一次活动，促进一次提升和进步。在我们的精心指导下，天主教总堂区学校五年级推行整本书阅读活动，通过多种形式拓宽非华语学生的阅读渠道，学生的阅读表现好，于是出现了联欢会上的一幕。这让我体悟到：学生，是课堂上永远的主角，在中文教学中，只有尊重学生的个性特征，照顾差异，才能促进学生最大限度的发展。

巧布云儿早下雨 经典学习增情趣

——对疫情期间支援工作的研究思考

由于新冠肺炎疫情的影响，从2021年2月19日开始，我们便居家开展支援工作。在这期间，我帮助自己支援的两所学校开发校本课程资源，指导1—6年级学生开展古诗文微课学习。根据学习目的的不同，确定学习内容，使学生学有所需，学有所得。

一、按需服务，助力系列经典文化学习

（一）关注差异，分级指导读古诗，让学习有情有趣

微课教学设计中，指导低年级学生活记乐背读古诗。低年级学生年龄小，注意力不集中，应遵循"简单"原则，要求不要太高，在读读、背背、唱唱中感受学古诗的乐趣。指导中年级学生触类旁通读古诗，即精读其中一首，总结出学习策略，再运用"学法迁移"，让学生独立自主地学习其他两首。指导高年级学生咬文嚼字读古诗，诗文中的每个字都要细细嚼、慢慢品，瞻前顾后，纵横联系。给老师们提供的每一份教学设计、每一份教学简报、每一节教学微课都是站在学生的立场，关注学生学习差异，读诗句，想画面，品诗句，悟真情，让学生的古诗文学习变"被动"为"主动"，从而达到事半功倍的效果。

（二）缩小差距，体会内涵悟经典，让学习有情有义

经典名著《西游记》中人物众多，情节复杂，我就利用数学思维引导学生读名著。跳读——为名著做减法，指导学生利用目录索引，捕捉关键信息，厘清故事脉络。精读——为名著做乘法。神佛、凡人、妖怪是《西游记》作品中的三大群体，引导学生重点阅读故事《三打白骨精》，通过细读白骨精的"三变"、孙悟空的"三打"及唐僧的"三责"，品析三个"三"的内涵，发现人物特点。指导低年级学生诵读古代蒙学读本《弟子规》《三字经》中的部分名句，

让学生体味故事的韵律之美；给三年级学生介绍《曹冲称象》的名人故事，让学生对比联想，感受曹冲的智慧；引导高年级学生走近孔子，通过对语言文字的解读了解博大精深的儒学思想，轻松愉悦诵国学。

二、微课助力，把协作交流转化成未来发展的起点

两所学校的微课内容大多是古诗文，开发古诗文微课的过程，也成为我们共同的教学研究课题。天主教总堂区学校的古诗文微课旨在创设普通话学习氛围，以朗读为主，辅之诗文大意的理解，浸润传统文化，读音与意义的结合有助于普通话学习。圣公会圣十架小学的微课关注学生理解和积累古诗文，不仅有朗读，还有字词、诗文大意的理解，诗人的介绍，低年级有想象画面的背诵指导，高年级在想象画面的基础上体会古诗的意境、情感，同时增加了诗文鉴赏的内容。

微课的辅助丰富了学校的课程资源。微课的设计制作，带给老师们新的尝试和体验，促使老师们去思考如何利用多媒体手段，开发更多、更好的资讯化教学形式来服务学生的学习。

回望百天支援交流微课的过程，确是我和香港老师一起在专业上发展进步的过程。如果说为学校设计、制作古诗文微课是一种尝试示范，那么在圣公会圣十架小学，则是放手扶持的过程。微课这种资讯化的教学手段更好地促进了学生自主学习能力、终身学习能力的发展。

三、线上线下支援工作的思考

（一）"宽阅读"，夯实学生经典学习的钥匙

百天抗疫支援，我们制作的微课获得大家好评，不难看出，一篇篇课文或古诗承载着中华五千年的文化和风骨，引导学生在一点一滴中积累文化素养，在一词一句间感知文化魅力，集腋成裘，润物无声，让学生在积极的思考和正确的引导下经历语言文字的实践过程，提高文化自信。

要引导学生积累语文素材，教师首先要对教材进行"三读三想"。"三读"：写了什么？（梳理内容线索）为什么写？（梳理情感）怎样写的？（梳理结构线

索）。"三想"：重点在哪里？难点在哪里？发散点在哪里？《义务教育语文课程标准》（2011年版）明确指出，阅读能力是现代公民必备的基本能力，并强调要重视培养学生广泛的阅读兴趣，扩大阅读面，增加阅读量，提高阅读品位。一首诗就是一幅画，一首诗就是一段情，教师精准解读教材，引导学生形象地读，想象地读，充满情感地去读，才能发现文字背后的内涵和意蕴，才能理解诗意，走进诗境。

（二）"布云说"，拓展学生文化积累的时空

苏教版语文教材主编张庆老师曾经有一个形象的"布云"主张：语文学习犹如布云，布的云多了，不知什么时候就下雨了。

1.营造阅读氛围，努力打造个性化的班级文化。

确定班名、班徽、班训、班歌、班级口号、班级公约等，给教室营造积极向上的氛围；孩子们亲手培育盆景，叶绿花艳，给教室增添勃勃生机；内容丰富的图书角，给教室带来飘逸书香。黄启鸿博士提出，若要开发学生的潜能，必须刻意地去安排合适的活动和环境，并通过人物、地方、政策、课程及过程的互相配合而达成。因此，教师要努力营造阅读氛围，打造个性化的班级文化，语文活动化，活动语文化。

2.改变生活方式，构建以晨诵、午读、暮省为基础的儿童生活方式。

晨诵是一种仪式，一种师生共同穿越诗歌、享受生命、开启新的一天的仪式。每天的早读课，老师带着学生吟诵校本教材，先吞噬，后反刍。晨诵提倡在一定的时间内进行，可以是一个星期、一个月或者更长的时间，用同一首诗歌来"开启"黎明，为每一天注入生命的源泉。

午读，童书滋润童年。每天中午20分钟的读书，会改变很多学生的性格，同时也改善了无数亲子、师生、家校关系，让大家真正感受到一种幸福完整的教育生活。

暮省，生命在笔尖流淌。学生每天在完成作业以后，能够思考、反省自己一天的生活，并且用随笔、日记等形式记录下来，同时师生之间也可以通过日记、书信、批注等手段，相互编织有意义的生活。

（三）勤拓展，建设开放而有活力的语文课程

我们要努力建设开放而有活力的语文课程，让微妙而美好的东西润物无声地潜入孩子们幼小的心灵。

巧布云儿早下雨，经典学习增情趣。阅读经典，传承文化。无论我们何时上路，都可以创造教室里的奇迹，成为孩子生命中的贵人。

实践"单元整体，读写一体"理念，提升学生写作能力

——参加香港圣公会圣十架小学协作校本课题研究综述

从2019年9月16日踏入校园，到2020年7月9日分别，时光匆匆，依依不舍。在圣公会圣十架小学驻校的每一天，我都感到满满的正能量。在圣公会圣十架小学，我看到了工作勤奋、专业素养较高的教师团队，认识了一批文明可爱、聪明上进的学生。见贤思齐，在这样高节奏高效率的团队里，我的驻校支援工作收获丰硕。

本年度在陈颂康校长的大力支持下，在莫昭文主任以及四年级协作团队老师们的积极配合下，我们重点开展了"单元整体，读写一体"的校本课题研究，我和老师们一起深入课堂，研讨教学策略，提高课堂教学的实效。通过工作坊活动，让老师们分享读写融合的"131"课堂教学操作策略及意义；通过教学公开课示范，让老师们感受中文科学习听、说、读、写并进的操作途径和方法。疫情期间，根据学校支援工作需要，我精心设计了校本课程"华夏龙情"系列经典微课，制作了内容丰富的教学短片助力学生网课学习，受到了老师、学生的欢迎和好评，一年的交流与协作工作取得预期效果。

一、立实际，按需支援

（一）做多一点

1.展示严谨的工作作风。

香港教师的敬业尽职有口皆碑，而我以更认真严谨的工作作风赢得了他们的认可。我用心研读教材，写下自己的看法和建议，跟协作老师分享；我精心设计教案，为老师们示范课堂操作；我充分准备资源，主持好每一次教师专业发展工作坊，引领教师专业发展。

2.展示积极的工作态度。

为了让协作学校的老师有更多收益，我从学校的需要出发，充分考虑学校需求，针对学校特点，提供专题讲座（教师专业发展工作坊）菜单，让学校自主选择。

香港教师工作量大，时间紧。我主动为教师排忧解难，帮助他们设计教案、简报和工作纸。有部分老师观念比较保守，对阅读与写作教学融合的理念能够认同，但在具体的操作中又会"穿新鞋走老路"，接受策略比较慢，特别是"131"教学策略和单元整体渐进的教学策略，实施起来有一定难度。我进行细致指导，通过微型讲座介绍基本策略，通过示范课进行操作引领，获得好评。

（二）做精一点

作为一个专业支援者，我觉得，不应该只满足于学校的基本要求，而应该站在更高的视角提升学校的学与教，通过具体活动和成果，让老师们看到比预期更大的成效。

1.把单一做成系列。

上示范课时，我将上课这一个活动做成系列活动：共备说课—上示范课—协作教师观课议课—协作教师上第二轮课—第二次观课议课。这样的安排，既有理论指导，又有操作示范，还有后续跟进实践。事实证明，这样的活动深受老师们欢迎，老师们感到收获特别大。

2.把课堂做成课程。

我们的协作重点，原本在绘本课教学，但我觉得，可以将绘本教学上升到课程层面，协助发展校本课程，打造学校品牌。经过一年的努力，我指导协作教师探索"华夏龙情"校本课程微课资源的开发，构建了富有学校特色的经典古诗词、经典故事、经典文化、经典国学的系列课内外阅读课程。

二、立质量，给力服务

要做出精品服务，就需要以精益求精的态度对待每一项工作。2019年10月，学校安排我面向全校所有中文科教师，做关于"单元整体，读写一体"的教师专业发展工作坊。对语文老师来说，这是一个老话题，有很多数据，也有自己的经验。如果只图完成这个任务，并不太难。但我想，以前的数据，是基于内地的学情、内地的教材，如何让香港的教师觉得学了可以用上，除了通用的方法，最好是能以香港的教材作案例。我将学校各年级的中文科教材找来，选择低、中、高三个学段的三个单元教材，作了仔细解读，并按读写结合的原则一一进行教学设计。为了符合香港老师的"口味"，我又在网上查看香港教师教案、讲座稿等相关资料，以求在内容和形式上都与香港教师的要求相对接。

我主持了两次专业发展工作坊，获得了老师们的认可，在之后的调查问卷中，老师们对我的满意度达到了4.625分和5分（满分为5分）。

三、依团队，借力而行

10个月的探索磨炼，"实践'单元整体，读写一体'理念，提升学生写作能力"这一课题研究，取得显著成效，获得学校校长和老师们的好评。

（一）教师的专业在成长

在与四年级老师共备共研的过程中，我采取了"析—思—议—施"的研究模式。首先我们一起研究教材，确定备课框架；接着由我进行教学内容解析，和主备老师对接确定好目标，将补充材料和建议提供给老师，老师们共同思考并发表意见和建议，在共同备课的过程中再次修订；最后将调整好的教学方案提供给老师们进行课堂教学实施，保证教学符合学情。通过"思考—实践—反思—实践"的学习过程，教师的专业能力得到培养和提升，集体备课的智慧在课堂上得到较好的体现，教学设计、教学简报、工作纸得到优化，教师的进步和成长非常明显。

（二）学生的读写水平有了明显提高

一年的研究，我们注重学生读写水平提升的策略研究和指导，寓教于乐，通过课文教学的读写结合，通过习作练习指导改进，通过答题技巧的指导，学生的阅读水平慢慢提高，写作水平有了较大进步。

1.学生对阅读有了兴趣。

"兴趣是最好的老师"，我们厚积薄发，为中文科建立了古诗文、传统文化阅读的微课、简报、录音、视频资源库，关注学生差异，分层引导阅读。学生从起初的不愿读逐步感到阅读有意思，有兴趣，有意义。

2.作文思维水平不断提高。

对于学生来说，阅读兴趣明显提升，学生习作从一开始无话可说到逐步从句、段模仿，再到尝试创作，在细节描写、人物特点介绍等方面都有较大进步和提升。

3.思维导图提升学生写作能力。

习作前，学生通过列提纲的形式绘出作文框架，思路清晰，为习作打好路径，养成良好习惯，提高写作能力。

四、计划反思

第斯多惠说："教育艺术的本质不在于本领，而在于唤醒、激励、鼓舞。"阅读和写作教学是中文科教学的中心，经过10个月的实践与探索，我们建立了校本课程"华夏龙情"微课资源库，建构了"一学"（第一课时学习单篇文本，掌握阅读的策略和方法）、"二用"（适时小群文链接阅读的"131"策略和四种主题阅读课课型）、"三迁移"（初步的读写融会贯通）的小群文教学机制，为中文科进一步深入读写教学研究提供了宝贵的资源。老师们在进行阅读教学的时候，逐渐做到以学定教，根据学生的需要开展指导和教学，有意识增加学生的阅读量和读写训练，同时注重读写的有机结合，提高了教学效率。他们不断地转变理念，改变自己的教学行为方式，收获着自身的专业成长，也促进学生阅读与习作水平的不断提升。

课题虽然取得初步效果，但是学生阅读和习作水平的提高不是一蹴而就的，目前还有不少学生不会审题，语言表述简单；课内和课外的关系，小群文阅读和主题式阅读的链接，还需要在课内进行研讨交流；2020年，由于疫情原因，少了与学生的面对面交流，教学很难落到实处。下一步，学校还要加大研究力度，根据学生的情况优化和推进课题研究工作，如课内阅读的进一步增效，延伸阅读的针对性，时间保证，阅读效果评估等，这些细节需要进一步思考。

白驹过隙，时光如流，时光匆匆而过，从陌生到相知，从拘谨到开怀……铭记，这段同行的日子！

情境识记，趣味读写，助力非华语学生
形象学习中文
——参加2019—2020学年香港天主教总堂区学校协作课题研究综述

天主教总堂区学校，是我交流及协作的驻校之一，也是非华语学生人数较多的学校。在2011—2012年度，学校开展了国际化教学课程，吸纳了来自世界各地的非华语学生。几年来，学校根据香港"中国语文课程第二语言学习架构"精神，根据非华语学生学习中文的特点，创新中文科教学模式，引入戏剧教学元素，尝试发展性评价，使"照顾学生学习多样性、促进全人发展"成为指引中文科学习活动的路标，教学改革取得显著效果。

得法于课内，得益于课外。为扩大学生阅读面，增加阅读量，培养非华语学生的学习兴趣，在一年的驻校交流中，我根据学校实际，以"基于'读中悟道'的整本书阅读教学策略研究"校本课题为切入点，营造轻松和谐的中文课堂，构建生动有效的课外阅读，让学生在学习中获得成就感，培养了正面、积极的价值观。

一、设立SOD教学流程，量体裁衣订计划

SOD是英文"Schedule of Day"缩写，指每日的课堂计划。

行为学习理论指出，欲使个体更多地从事其不太喜欢（或陌生）的活动，方法之一就是将这些活动与其比较喜欢的活动联系起来。通过对任务的每一步给予及时反馈来塑造个体的行为，是基于学生个体而提出的一种有效的教学策略，目的是让学生找到发展方向，建立学习自信。非华语学生活泼好动，注意力难以集中，对中文学习缺乏兴趣，因此，我指导中文科教师在教学时分解教学任务，降低教学难度，利用灵活开放的课程架构，为学生提供多元、丰富的学习经历，为学生创造不断展示自我的机会，提高学习兴趣，激发参与动机。

参与SOD课堂计划的教师会根据学生的学习需要规划每天的训练课程。

每节课开始前，教师都会告知学生当日的学习任务，让学生做到心中有数。根据每个单元的主题，编选合适的学习内容，并分层设计助学单强化训练。教学流程安排上注重动静结合、长短交替来吸引学生的注意力，即课前朗读热身，学生可以集体诵读熟悉的文本（如词语、短句、儿歌、课文等），在温故知新的轻松氛围中开启新知学习；教学组织既有个体的自主学习，又有同质分组的生生合作学习，还有相对集中的集体学习。课堂上，学生在老师的引导下或独立思考，或同伴协作，或分享展示，多样的学习形式让每个学生都能参与到学习中来，并为学生学习行为的发生提供了可能性。

SOD教学流程的进阶训练，力求让每一位非华语学生做到"跳一跳摘桃子"，课堂教学设计如游戏探险般一波三折，学生在有张有弛的学习中，自主学习能力提高了，求知欲和表现欲也被激发了。学生在分层推进的学习中，逐步克服了学习第二语言的障碍，不同学生学习的效率达到了最高值。

设立SOD教学流程，让教师更加关注教学的有效性，明确教学目标，根据学生的不同学习心理特征，采用灵活多样的方法为学生提供不同的学习路径，面对个体差异悬殊的学生群体，教师思考更多的是如何教才能适应不同个性学生的学习。

天主教总堂区学校的SOD优先关注的不是提升学生成绩，而是"提高学习兴趣"及"学会学习"，采用多元输入模式，由浅入深，照顾差异，让学生愉快学习，各尽所能。

二、借力戏剧教学策略，多感官参与增素养

非华语学生差异较大，面对差异，如何实施有差异的教学，促进有差异的发展，获得有差异的成功，提高中文科教学的效率？驻校中，指导老师将戏剧教学策略引入课堂教学模式，让课堂呈现了更多的超越。

中文科是个实践性很强的课程，戏剧教学策略的本质就是将戏剧教学技巧融入教学活动，注重真实性、体验性和趣味性，通过布置多样化及连接生活经验的任务，让学生多感官参与语文学习实践活动，产生教学互动，达到发展和提升的目标。

（一）连接生活，激活思维，化抽象为具体

非华语学生学习中文遗忘率高，为了加深学生记忆，教师充分利用图画书的示意功能，把课本中出现的语言文字转化为能看到的生动形象，构建一幅幅完整的画面，唤起学生的真实体验，让学生进入一个和生活相关联或者相融合的熟悉情境中，产生积极联想，如临其境，加深对课文语言文字的记忆理解和感悟，趣味识记，印象深刻。

汉字笔画多、难认、难记、难写，学生学起来感到枯燥乏味，教师抓住汉字具有象形、指事、会意和形声的特点，联系生活给学生介绍"汉字里的故事"，让学生了解汉字的演变，探寻汉字的起源，帮助学生轻轻松松学汉字。例如，在学习"善"字时，制作《小小"善"字学问大》微课动画，通过播放视频，介绍"善"字演变过程，同时讲述"乌鸦反哺""羊羔跪乳"的故事，让"善"字教学生动有趣，感恩教育润物无声，教学可谓一举多得。

低年级词语教学，教师注重通过情境图、语境歌、连词成串的形式帮助学生理解新词，培养学生听、说、读、写的语文综合能力。如在《野外郊游》教学中，教师创设郊游情境，构建熟悉场景，让学生通过小火车接龙认识新词。教师把课文中的九个词语分成有关联的三组词串：天气—清新；安排—汽车—郊外—郊野公园—郊游；山坡—停。角色代入移情体验，从字符串到词串，图文结合，语境识记，学生思维活跃，自然能配对找朋友，此时，学生不仅能识记，而且能尝试着从说一句到说几句话，表达能力显著提高。

非华语学生平时较少有机会用中文进行学习或日常沟通，教学中让日常生活和中文课堂巧妙联系，一段时间下来，我们惊喜地发现，非华语学生参与中文科学习的自信心明显增强，生活中也能尝试用中文表达，对中文学习的期望显著提升。

（二）戏剧情境，培养能力，化单一为多维

得法于课内，得益于课外。为扩大学生阅读面，增加阅读量，营造轻松和谐的阅读课堂，培养正面积极的价值观，教学中，天主教总堂区学校依托经典文学加强正向教育，采用的策略就是在教学活动中融入戏剧元素，用课本剧表演引导学生体会人物情感，感悟人物形象，品味语言文字，加深理解。

在开展《福尔摩斯探案集》整本书阅读活动时，学校以"1+X"的导读方式突破，即以课文《手表里的故事》为突破口带动整本书的品读。我们首先创编《手表里的故事》剧本，合理丰富故事情节和人物形象，并制作各类道具，组织学生自主选择剧本中的人物和事物，引导学生在课堂上扮演课本中的人物，一边读书一边走进课文情境，想象人物会做什么动作、说什么话，体验人物的心情和情感，体会福尔摩斯的形象。静止的语言文字变成了形象可感的情节，一方面，学生能够根据自己的理解来分析确定剧本中的人物性格和特征并表演出来；另一方面，通过表演，能够锻炼学生的反应能力、语言表达能力以及交际能力，能够增添阅读兴趣，提升学生阅读鉴赏和评价能力。一篇文章、一个故事、一个剧本，在学生惟妙惟肖的戏剧表演中得到诠释。学生自然体会到"福尔摩斯真是一名善于观察和推理的侦探"。此时再让学生去读读书里的其他故事，学生跃跃欲试。浓厚的阅读兴趣比传统的阅读学习更能提高学生的成绩。在《西游记》整本书的阅读指导中，人物多，情节复杂，学生阅读和理解难度大。停课不停学期间，我们采用数学思维的方法引导学生读经典名著《西游记》，指导学生利用跳读的方法进行目录索引，猜图情节，厘清故事脉络，为名著做减法。根据三年级学生的学习特点指导学生精读，以点带面，引导学生细读故事《三打白骨精》，品析白骨精的"三变"、孙悟空的"三打"及唐僧的"三责"，通过三个"三"的对比分析，人物特点自然彰显。学生自主阅读后，为检测阅读成果，让学生漫步"作业超市"，发展创新思维；为《西游记》人物设计一张名片，绘制取经线路图；也可以说故事，写感受，演情节，为名著做加法。同时，带领学生观看影片，阅读回目感受名著魅力，激发阅读欲望，鼓励学生读完以后，以独特的方式进行成果汇报，多元的阅读支架，激发了学生阅读名著的兴趣。

（三）多元呈现，开发潜能，化固化为灵动

非华语学生的语文能力需要全面提升，因此教师规划的课程不只着眼于听说读写，而是将学习的过程变成引导学生不断感受、体验的过程。怎样去感受和体验呢？三个字：做中学。这是大教育家杜威的理论。要让学生真正操练起来，动嘴说，动脑想，动手写，睁大眼睛去观察，全身心地参与。

非华语学生中文词汇量不够丰富，写作无话可说是个普遍现象。以往，教师们会通过抄写、记忆、诵读来帮助学生积累词语，但是学生对于这样的积累没有兴趣。机械记忆的词汇到写作应用时，学生往往想不起来或不知道如何运用。在低年级段的写话课上，老师带领学生开展"玩转词语"的思维体操，打造习作的兴趣链，让学生通过画面猜词语，通过词语进行表演，全方位地激发学生的习作兴趣。

如在《小马过河》多幅图作文教学时，要用到"焦急"一词，为了让学生更好地理解词语，并能把焦急状态中的小马写生动，老师在"玩转词语"活动中，让同学们做出焦急的样子，提示学生：焦急时，小马会做什么？说什么？表情会怎样呢？由于这些课前进行的词语游戏，都与本节课的作文内容有关，写作时学生自然在脑海中重现刚刚的体验过程，有路可循，有话可写。

日常的玩对语言的发展和思维的提升都是无意识的促进行为。学生都有玩玩具的体验和感受，在教学《我最喜欢的玩具》写话练习时，教师就让学生把自己的玩具带来，在课堂上互相玩一玩，交流自己的玩具是怎么玩的，在这样一个以"玩"为中心的游戏情境中，教师再将观察的指导、思维的发展融合进去，引导学生明白介绍我最喜欢的玩具时，可以先介绍玩具是什么，然后介绍玩具长什么样子，最后再介绍玩具是怎么玩的，这就为学生的动笔写提供了一个融观察、思维、表达为一体的强化感受过程，这一强化感受过程既激发了学生的兴趣，又降低了动笔写的难度。有兴趣的写调动了学生表达真情的欲望，更易让学生写出对玩具的喜爱之情。大量的观察，丰富了学生对事物的直接印象。这种"直接印象"激起学生的情绪，又成为一种"需要的推动"，成为学生想象的契机。

戏剧教学策略，将非华语学生的生活经验、知识储备和文本内容及其思想相互融通重新创造，活动变成了有意义有价值的中文学习的过程。

三、建立发展性评价，全人发展提效能

每个非华语学生都是一个独特的个体，在他们身上既体现着发展的共同性特征，又表现出巨大的个体差异。发展性评价即从学生实际出发，关注学生的

学习能力和水平，引导教学由易到难，循序渐进，在不同的学习目标中让学生多思考、会思考，逐步培养良好的思维品质，逐步达到自己最好的学习状态。

对于不同层次的学生指导重点要有所不同。对于学习能力弱一点的学生重在讲述故事，交流分享引发学生兴趣的故事情节、人物等；对于学习能力中等的学生讨论话题要关注整本书的主要内容、人物的特点，引导学生发现书中的细节，感受人物心理变化等；对于学习能力强的学生课堂则要多一份冷静的思考，多一些精神的关照，可以让他们写一写自己的收获和体验。在不同的学习目标中关注非华语学生的学习需要，让学生都能达到自己最好的学习状态。

让学生学会学习，就要让学生学会独立思考，教师对于学生的课业也应分层设计。对于表现稍逊的学生给予适当的指导，帮助他们改进；对表现尚佳的学生，侧重指引发展的方向，让学生掌握更高层次的阅读写作要求。如为学生设计不同梯度的A、B、C三层作业，A层供学困生使用，B层供中等生使用，C册供学优生使用。

中文科发展性评价是学校根据各年级中文科听、说、读、写的要求，采用"校内评估工具"评价每一位非华语学生的学习表现、学习需要和不足，然后教师依据学生的学习需要调整课程、学习材料以及教与学的策略，提高学生学习效能。

发展性评价给学校的教育注入了不断发展的源头活水，它提倡"教评一致"原则，关注学习的过程，通过系统地搜集评价信息，进行分析，对评价者和评价对象双方的教育活动进行价值判断，实现评价者和评价对象共同商定发展目标的过程，促进被评价者不断发展，使教师的教和学可以令学生成长更加全面。

四、计划成效与评价

在宗霭雯校长的大力支持下，在胡宝怡主任、冼倩仪主任的指导以及一、三、五年级协作团队老师们的积极配合下，我重点开展了"基于'读中悟道'的整本书阅读教学策略研究"校本课题研究。驻校36天，每周2次教学集体备课，11次观课议课，普通话集诵指导，传统文化日走班示范教学，课题成果工作坊分享……从晨光熹微踏入校园，到暮色降临返回宿舍，驻校期间，我和老师们一起深入课堂，研讨教学策略，提高课堂教学实效，工作充实紧张。

（一）情境识记，使学生对中文科有了一定的信心

情境识记，趣味阅读。通过角色扮演、生活展现、图片再现、事物演示以及直观、形象、适当、有趣的情境创设，让学生全员参与阅读，提高了中文科教学效率。

识写分开，降低难度。将识字和写字分离，采用直观形象的图片、生动有趣的歌谣激发兴趣，化难为易，帮助学生学习课文，开展阅读，提高了学生学习中文的兴趣与效率。

（二）联系生活，营造普通话学习氛围，学生学习积极主动

非华语学生较少有机会用中文进行学习或日常沟通，对学习中文的兴趣也不大。教学中，我们设计丰富、均衡的语文学习经历，通过布置多样化及连接生活经验的语文学习活动，让学生体会中文科学习的趣味，在阅读中应用所学。如成语是文化中的经典，我们联系生活经验和学生熟悉的成语，开展了趣味猜成语活动：最怪的人，虎头蛇尾；最高的人，顶天立地；最大的嘴，气吞山河；最大的手，一手遮天；最长的腿，一步登天……

圣诞节期间，支援老师录制圣诞节传说的故事录音，营造普通话学习氛围，学生通过模仿学习，激发学习中文的兴趣。同时利用传统节日介绍传统文化，如重阳节、春节，给学生做直观形象的介绍，并积极互动。普通话朗诵活动，给学生作直观示范，并给予耐心指导，真实的情境，激活学生表达的欲望，听、说、读、写能力在潜移默化中提升。

（三）学生的读写能力有提升

中文科已经建立了经典古诗文、传统文化阅读的微课、简报、录音、视频资源库，开放多元的教学氛围，生动有趣的直观教学，使学生对古诗文有了更深的认识及体会。生动有趣的教学方式，让学生在阅读整本书时不会沉闷，学生也能写出自己的心理感受，作文有内容。

复活节四格漫画创作比赛活动。通过画面启思，示例导引，让学生创作四

格漫画的想象和表达的翅膀飞起来，具体而微的过程设计帮助学生形成认知，提升能力，提高素养。分层课业的设计，对于表现稍逊的学生给予适切的指导，帮助他们改进学习方法；对于表现尚佳的学生，指引发展的方向，让学生掌握更高层次的阅读写作要求。

"问渠那得清如许，为有源头活水来。"本着"照顾学生学习多样性"的宗旨，天主教总堂区学校不断优化教师的教，促进学生有效的学，增强了非华语学生学习中文的底气和信心。行之有效的教学策略也让我深知：学生是多元的，我们必须争做一个有意识、有智慧的教师，为教育注一泓清泉，以适应不同地区、不同学生的学习需要。

第五辑　情满香江

时光如水，岁月如歌。

谁能想到有一天，我会来到这座陌生的城市；

谁能想到有一天，一些从未相识的人会走进彼此的生命。

这一年，我与这座城市朝夕相处，风雨相伴；

这一年，我收获了一生中难得的教育经历和蜕变。

苏霍姆林斯基曾建议每一位教师都来写教育日记，教育日记并不是官方文献，没有格式要求，而是一种个人的随笔记录。这些记录是思考和创造的源泉，有助于集中思想，对某一个问题进行深入思考。来香港后，我养成了写教育日记的习惯。工作再忙，节奏再快，三言两语把课堂内外的所见、所思和所感及时整理，在记录美好回忆的同时，也书写了一个个梦想。

回眸已逝的300多个日日夜夜，那些触动心灵的时刻历历在目，豆腐块似的点滴有滋有味。一年香港缘，一世香港情。

香江印象

"精致"的标间

2019年9月1日，我们从北京经深圳至香港，顺利入住香港湾仔区湾景中心C座1907室，这房子果真"精致"。

两室一厅一厨一卫，不到40平方米。客厅，前后两三步之间（不能迈大步）；厨房也就一个人刚好可以转个身（里面一台洗衣机、一个灶台、一个洗菜池，仅此而已）；卫生间也是玲珑布局，一个台盆，一个马桶，一个澡盆；房间一床一桌（宽60厘米），再放不下其他。室内活动空间量身定做，住上这"蜗居"，心理不免落差较大。

转念一想，我们的住所在金紫荆广场旁，维多利亚港畔，临街又临海，据说差个多30万元一平方米，我们所住的房子已价值千万了，绝对称得上是豪华海景房，这样一想，也就欣欣然了！

有序的文化

有礼有序是香港文化的重要特征。

上班要穿"上班装"。穿着端庄、得体是对别人，更是对自己的尊重。告别牛仔裤，告别休闲衫，添置几套正装开启驻校上班模式。

背着背包，一路小跑，赶巴士、坐地铁，穿越茫茫人海，你会被香港的"排队文化"深深折服。

所有路过的巴士站点，人们无一例外都在自觉排队，即使已是一眼看不到头的长龙，蜿蜒曲折成了几个"几"字形，也无人喧哗，大家安安静静，耐心地候车。走在香港街头，无论是在地铁站、公交车站，还是在超市、茶餐厅、海关等地方，均可以看到香港市民自觉而有序地排队。

在香港，排队是一种习以为常的生活方式。这一点似乎已经深入每个人的骨髓中，成为一种生命自觉。也正是香港市民这种遵守秩序、主动承担社会责任的精神，才构成了香港有条不紊的良好秩序，亦使得这颗东方之珠越发可爱，吸引着世界各地的游人纷至沓来。

风火轮的节奏

去过香港的人都有这样的记忆：道路不宽，车速很快；上下班高峰期，人流如潮、步履匆匆。快节奏、高效率是香港人的倍速生活。

香港节奏，是伴着熹微的晨光出发，顶着苍茫的夜色返程；

香港节奏，是老师们平均每天上8节课，不知疲倦；

香港节奏，是边吃午饭边开会，是下班后共研共备批改作业，是回家后仍然要熬夜……但老师们的脸上无倦色、无怨色。

教师办公室面积不大，布局合理。没课时，老师们会在自己的一方天地备课、批改作业，准备各种教具、作业纸（类似导学单），交流彬彬有礼，听不到热闹的聊天声、嘈杂的吵叫声，看到的是老师们匆匆的脚步、忙碌的身影。

学校课程长短课相结合，课间没有铃声，课与课之间的衔接靠的是老师灵敏的"生物钟"，令人钦佩的是老师们极强的时间观念，准时准点切换着不同的角色。在香港的学校，我看到的是一支敬业、专业的教师团队。

拗口的粤语

来到香港，听懂粤语，能简单交流，是生活的基本技能。跟所有的"70后"内地青年一样，我最初接触广东话，全赖《大侠霍元甲》的引进，大家每天追着听"分碎巴您"（昏睡百年）……仅此而已。

到了香港后，听粤语是一头雾水，仅就粤语的阿拉伯数字发音就和普通话发音区别很大。"1，2，3，4，5，6，7，8，9，10"变成了"鸭以三死乌陆七把够什"，难怪著名的武侠小说大师金庸先生初到香港，坐上"白牌车"，说去餐馆，司机先生却载着他去了差馆（警署）。

为了学习粤语，我走进菜市街，尝试买菜。"鸭们三个，鸭们三个……"

刚入街市，便听到喧闹的叫卖声，虽然我听得很努力，但仍然不能完全听明白他们在说什么，有点不知所措，这是什么个卖法，仔细一想，原来是"10元三个"。语言不通，寸步难行。于是一遍遍强记，寻找发音规律。

生活、环境、工作……初到香港，种种挑战接踵而至，在压力满满的挑战里，我们迅速应对，经历即成长，百炼能成钢。

离岛风光

香港，一座傍海的城市，去海岛走走、看看，你会感受到香港的别样风情。长洲、东平洲、吉澳是香港200多个离岛中著名的旅游景点。休息日，徜徉绿水青山，静静地欣赏着岛上风景，过一段稍慢节奏的生活，倒也惬意无比。

别有洞天的长洲岛

天然的渔村。进入长洲岛，沿岸可以看到高低错落的水上棚屋。棚屋由岸上向海上延伸，联结形成整片棚屋区。如此一来，渔民们与大海的联系更紧密了，不仅吃住在海上，而且只要在屋前架一个木梯，系上船缆，便随时可驾船驶向茫茫大海。潮起潮落，海浪拍着竹竿、木柱，棚屋如渔家汉子一般，坚实可靠；风平浪静的日子，棚屋在荡漾的微波中投下剪影，不时有船桨泛起波纹，水上建筑的倒影一下子摇晃起来，仿佛渔家俏皮的姑娘。如此天然原始的小渔村，让人似乎直接穿越到了百年前的香港。

诱人的美食。沿街几乎都被开发成了店面，渡轮码头沿岸一带海鲜食肆林立，里面大多是刚从海里打捞上来的各种海鲜，也有刚刚晒了太阳、微干的、散发着海腥味的海鱼海虾；铺子里各色的海鲜粥、特别的糯米糍粑、特大的鱼蛋等各种海产品、特色小吃琳琅满目，一应俱全。驻足在海味干货店前，嗅一嗅海风带来的大海咸咸的味道，再点上三两茶粿，就着渔家自榨的白玉苦瓜汁，欣赏透过坊间的日光悄悄地在墙头挪移，别有一番滋味。

恬静的海岸。一路走走、拍拍，一周的紧张和疲劳顿时消失，驻足留步，在海边的长椅上小憩一会，在礁石上放松一下，任自由的海风吹拂，贪婪地吮吸一口新鲜的空气，风平浪静的日子显得格外温馨。沿途可以看见几间老屋房前有的晾晒着橙红的咸蛋黄，有的檐下挂着几尾鱼干，几只猫咪慵懒地打着盹，在叫卖鱼蛋腾起的烟火里，一股浓浓的古早味迎面而来。

奇险的山洞。沿着海边行走，绕过巨大的海边岩石，我们便直奔岛上著名的景点——张保仔洞。张保仔洞是清朝一个海盗的洞穴，洞身狭窄，仅可供一人弯腰通过，游客须从洞的一边进入，再由另一边离开。早已耳闻此洞的名气，跟着同伴们到了洞边，撞着胆子进入洞中游览一番。像我这样的身材刚好进去，进入山洞，沿铁梯而下，要带上手机以供照明。短短一段路程，倒也有了几分惊险刺激的体验。

硕大的石头。从张保仔洞出来，山边就是五行石。五行石中最大的一块，坐落在山崖的边缘，远看好像快要掉进海里一样。游走其中，有如置身武侠小说中的石阵。五行石旁又长了不少野生仙人掌，为四周添上生气。

形如新月的东平洲

又一个阳光明媚、微风和煦的周末。内师团建联谊活动——东平洲、吉澳一日游如约而至。

2019—2020学年内师团建活动主题为"团结、奋进、鼓劲、加油"。迎着晨光，我们从马料水码头乘船出发，吹着海风，来到吉澳广场，听着岛里的故事。船沿吐露港行经赤门海峡，我们欣赏着最古老的岩石"鬼脸""鬼爪岩"，印塘三宝"印洲""神笔""笔架洲"，还有其他数不清的奇岩怪石。在吉澳岛吃过风味午餐后，我们登船向"重头戏"东平洲出发。

东平洲是香港最东面的离岛，因远看地形无起伏，像一个漂浮于海面的大平板而得名。走近荒无人烟的郊野海岸公园东平洲，海水清澈见底，鱼儿悠闲自在地游来游去，海浪一波又一波地拍打着岩石。在岛上的最东端，两座高达两层楼的海蚀柱在海蚀平台上相对站立着。这便是这次内师团建的最终目的地——更楼石，看到如此雄伟非凡的奇景，大家纷纷爬上更楼石，摆出各种造型留影，纪念最美的香港、最美的自己。

每一年的内师团建活动，香港教育研究发展中心的领导都会精心策划。在近两个小时的海上返程之旅中，"情满香江，因爱相聚"联谊会拉开帷幕。没有精美的舞台，音响设备也不那么尽如人意，但大家准备的节目却是精彩纷呈。

幼教组的五朵金花，首先带来《金龙拍拍操》的互动暖场，让所有人都在摇晃的船上动起来。之后精彩节目陆续献上，香港教育研究发展中心的詹华军先生一马当先，为内师们献上一曲《大海啊，故乡》；语文组的老师用或铿锵或甜美的声音，带来诗朗诵《有一种美好，叫教师》；初中组老师的合唱节目《我和我的祖国》，掀起了第一个高潮，八位老师突然摇身一变，把红丝巾变成热舞的道具，引来了全场阵阵掌声和喝彩；数学组的老师紧贴实际，带来了用粤语演唱的《数字歌》。一路欢歌笑语，一路谈笑风生，一天的疲劳顿时烟消云散。

青山、绿水，蓝天、碧海，老街、古村，就在风起云涌与浮光掠影之间，默默见证着离岛的发展，也将香港的历史浓缩于此，将无数的变迁凝聚成一种情思，一种回味……

师生情缘

暖心的女孩

作为"普通话代言人"的我在学校晨会上和大家见面后，课间小憩，便有不少学生主动和我聊天，给我做英语、粤语翻译，介绍香港风土人情。

顾裕雯同学，圣公会圣十架小学四年级学生，一位可爱的姑娘，扎着马尾，澄澈的眸子让人一见就非常喜欢。活泼可爱、聪慧能干的裕雯同学告诉我：她的爸爸是香港人，妈妈在广州长大，她对祖国传统诗词非常感兴趣。

人如其名，裕雯同学不仅成绩优秀，而且爱好广泛，她如数家珍地告诉我，从四岁开始，她就十几年如一日坚持练习小提琴，现在每周还要坐飞机往返上海学习小提琴，梦想能到上海音乐学院深造。小姑娘用一口流利的普通话将她的情况向我娓娓道来。

"你一定行，什么时候也给老师展示一下你的才艺。"让我意想不到的是，我无意间的随口一句话，孩子便铭记在心。

不久，小姑娘背着小提琴来办公室找我，认真地告诉我，她要给"内地老师"展示一下才艺。音乐，我是门外汉，但孩子专注的眼神、娴熟的动作让我感动，我眼前仿佛看到了一位从四岁开始坚持学琴的小姑娘的身影。听着悠扬的旋律，我不禁汗颜。在孩子的眼里，我是值得信赖的，一句鼓励就会让她信心百倍。

教育无小事，每一个孩子都是天才，都有各自的潜能，多给孩子一点机会，每一朵花都能绽放最美的姿态。祝愿暖心女孩在求艺的道路上一路绿灯！

我的"精英"团队

为迎接全港普通话朗读比赛，天主教总堂区学校三、四年级集诵指导的任务自然就落在我的肩上，我要给三十名"朗读精英"集中培训，集中指导。

平日里指导内地学生朗读，只要在重音、节奏、语调上稍加提示，学生便会有明显的变化，我想今天凭着经验和基本功指导非华语学生朗读当然不在话下。可万万没想到，几遍下来，朗读中普遍存在唱、拖、叫的现象，效果不明显。

我有点发愁。胡适先生的《回向》是本次参赛的指定诵读作品，和学生的生活实际相差较远，面对注意力不够集中、肤色不同的学生，我顿时感觉到要让孩子们达到字正腔圆地诵读、以声传情地表达效果挑战不小。怎样让学生读起来饶有兴趣，并了解诗歌背后的含义呢？我急中生智，降低难度，改变策略，合理分组，通过"三步走"的策略指导朗读，效果明显。

第一步：联系生活，还原情境。首先老师适当地提供背景资料，然后让学生说一说文章层次，大致了解诗歌的意思。通过阅读，不难发现，《回向》反映胡适先生对于人生的态度：人生在于奋斗，在困难面前，即使在潦倒的窘境，也要对前途有起码的乐观和自信。如："他终于下山来了，向着那密云遮住走，管他下雨下雹，他们受的，我也能受。""他从大风雨里过来，爬向最高峰去了，山上只有和平，只有美，没有风和雨了。"从这些语句，可以看出作者踌躇满志，把每种努力都看成是巨大的希望。

第二步：采取策略，运用技巧。胡适先生距离香港的小学生比较遥远，在指导非华语学生诵读时，我化繁为简、化高为低、降低要求，让学生大致了解诗歌的作者后，重点指导学生读准字音→读出节奏，读出变化→读得流利，自然表达→同组互评，取长补短。

第三步：现场示范，强化指导。在一次次的训练中，我发现学生有了明显进步，比如字音读准了，一段话读起来有重音强弱的变化，不再是"小和尚念经——有口无心"式的朗读。

稚嫩的童音、投入的表情，平时习惯用英语交流的学生，今天都在教室里咿咿呀呀用心练习，改变"平直调"，告别"表演腔"。

"朗读精英"不负众望，在全港普通话集诵比赛中，取得"优良"等次的优异成绩。一个月的训练，价有所值。

我的"首秀"

如何提高非华语学生的中文朗读与写作水平？如何提高中文科学习效率？如何解决教学中遇到的诸多困惑？……公开教学的直观示范是最有力的指导。我非常开心地接受了年级主任安排的公开课教学任务。

在香港进行公开课教学，意义非同一般，内师们高度重视。

不打无准备之仗。依据学生情况，我精心准备，反复斟酌，大到每个环节设计，小到每句话的推敲、每个问题的创设引导。

2019年11月28日是我驻校的公开课"首秀"。上午刚走进教室，就看到在电脑前认真帮我校对课件的莫老师，莫老师的细致和认真着实令我感动；在办公室里，睿智的课程主任陈老师面带微笑握着双拳为我加油的动作亲切可爱，原来香港的老师是这样的亲切友好；学校的陈校长工作繁忙，事务很多，今天竟然早早来到教室，而且是那么投入和专注；教室里坐满了学校的中文科老师，而我们在港的"娘家"领导——宇丹老师也提前赶到学校，助阵指导……

尊重、关注、鼓励，轻松幽默的导入，自主参与的学习，适时链接的阅读……短短35分钟，《金牌背后的汗水和泪水》教学徐徐展开：课堂上，我和学生一起阅读、一起倾听、一起分享、一起写作，班上33个学生的神情都是专注和投入的。我的"首秀"赢得大家肯定。

公开课就是家常课。一直以来，香港的中文科老师对内地老师的公开教学都是赞赏有加，今天的教学让他们来了个实实在在的观念转型。我在4D班进行的《金牌背后的汗水和泪水》公开课教学，按照班级的教学进度确定课题，根据集体备课的精髓确定思路，设计教学方案发给每位观摩老师，一切都和常态的教学一样，平平常常，没有什么特别的地方。公开课就是朴素自然的家常课。

家常课也是公开课。台上三分钟，台下十年功。课堂上，我坚持用"以学定教，以教促学"的理念引导学生学习。我根据4D班学生的状况灵活调整教学内容，同时融入"单元整体，读写一体"的理念，适时进行经典群文的小链接。教学中，通过教学情境的巧妙创设，引导学生在课文中走了一个来回。

　　在研讨交流中，陈校长高兴地说："刘老师的功底不错！'激趣读书'的小点子好用，'引导学法'的小妙招不错，'读写结合'的小例子得法。"老师们对我的教学设计和呈现给予了充分肯定，我也有了参与公开研讨、展示教学的信心。令人欣慰的是，4D班的孩子们也热情地邀请我下次还要给他们上课。

　　"首秀"公开课4.8分（满分5分）的评价让我分外开心，教无止境，研无止境，脚步匆匆，不曾停歇。

遇见蔡博士

2019年12月12日，对于30名赴港交流协作教师来说是一个激动而难忘的日子，因为这天下午，香港教育局领导蔡若莲博士要来看望慰问内师团队的老师们。能见到香港教育局高级别的行政长官，我们充满期待。

下午3:00，蔡博士和内师们的座谈会在轻松的氛围中拉开帷幕。

首先，初中历史、综合、语文、幼儿、数学五个组组长汇报了赴港之后大家工作、学习、生活的情况。组长们的汇报生动具体，大家感触连连。深入学校，研究教学，大家深深感受到香港学校在课程设置、学生教育等方面的优势和特色：香港学校课程设置丰富多元，除了专业课程，还有综合课程，有些课程是以综合活动的形式呈现出来的。课程从有界、化界到无界，这种呈现的方式带给学生的就是综合能力的发展。香港的"全人教育"密切关注学生的全面发展，这一方面，香港比内地做得好。香港老师关注阅读策略，对策略的研究比内地要早，这是香港老师表现出来的更专业的一面。

在香港的三个月时间里，大家克服了交通、环境、饮食、语言等方面的重重困难和压力，秉承专业的精神投入工作，从起初的焦虑不适应到现如今的初步收获，一个个生动的故事、一幕幕感人的场景、一幅幅真实的画面、一串串真实的数据，充分展示了内师团队每一位成员的努力付出。对于下一步的工作，大家又各自交流了规划和打算。

蔡博士学养深厚，温文尔雅，态度谦和，她认真聆听了五位组长生动翔实的汇报，并作了精准的点评，认为此次汇报准备充分，观察入微，思考深刻。

相互来往，彼此影响，协作就是共同合作，万事可成。内师们饱含着教育的情怀相聚香港，传经送宝，不辱使命。和蔡博士的交流，也让大家再次明确了此行的目的和角色定位。

我们好似轻舞飞扬的蝴蝶。内地与香港教育文化的交流和互动，融合和共生，需要方方面面的合力，需要从2000年开始参加项目计划的800多位教师用行动去延续和繁衍。

课堂是教育的主渠道，我们来自教学一线，秉承专业的精神，传播先进的教研理念，我们是"课"的化身。在交流与协作中，我们要和香港的老师们一起思考，围绕课程，做好课题，立足课堂，不断总结，每一天都在增值。

蔡博士真诚的话语温暖人心，她建议老师们多阅读，珍惜在香港交流协作的每一天，走在一起是缘分，一起行走是幸福，通过阅读遇见更好的自己，通过交流获得滋养。

半天愉快的座谈，真诚、专业，蔡博士的谆谆话语，余音绕梁。

冬至大如年

童年记忆

"吃了冬至面，一天长一线"，童年的记忆里总觉得昼长夜短的农历冬至这一天很奇妙。

对冬至节的朴素而美好的期待，就是家乡的特色美食。

首先是南瓜糯米饭。家人会把放置很久的老南瓜切开，和着新鲜的糯米一起，煮上一锅飘香四溢的南瓜饭，原汁原味的老南瓜甜味渗透到晶莹剔透的糯米里，轻轻拌匀，三朋四友分享一碗，觉得亲情、友情比蜜甜。

其次是油条或者糍粑糕。冬至这一天，在路边卖油炸食品的小摊生意会特别好，晨曦微露，大家排着长长的队伍，买根油条（香港称油炸鬼）或者买两块糍粑糕，经过捶打的上等糍粑放到油锅里炸一下，蓬松软糯，香酥爽口。

家人说，吃了这两样美食，来年心明眼亮身体好。生活质量提高，家乡人索性改革，吃几块南瓜饼或者南瓜圆子庆祝即可。南瓜饼甜，南瓜饼圆，祝愿我们的生活日日安然。

过了冬至，年也快到了，家乡的冬至节，是美食的记忆，是文化的传承。

香江味道

十里不同风，百里不同俗。"冬至大如年"，每年冬至这一天，不论贫富，大盆菜、饺子、汤圆成了香港人必不可少的节日饭，意思是身体"饺"健，永"饺"好运，万事顺利，圆圆满满。

为了庆祝这个大如年的特殊冬至节，语文组十位老师忙活起来。大家分工协作，展露绝活，后勤部长——旻旻已把包饺子的流水线妥妥安排好：买面、剁馅、擀皮、捏边……大家自选一道拿手菜，炖鸡、做虾、烧鱼、烤猪蹄、家常豆腐、芝麻花生纷纷呈现。瞧，红梅老师在和面、醒面、煮饺子上可是严格把关，高静、小苗、晓薇娴熟的擀皮技术，着实让我羡慕，擀面杖一转，一个饺皮就出来了；曹老师把调馅做到了好似教研的极致，闻味道居然能判断咸度是否适宜，包出的饺子像花儿一样玲珑可爱；肖大哥虽然是个男士，却是个能文能武的全能冠军，啥也难不倒他；心灵手巧、笔下生花的晖妹妹，一会揉面摆个拍，一会又站起来来个全镜头；性格开朗的静娟今天表现非常棒，个性化的饺子憨敦萌萌……高手云集、群英荟萃，不到半天时间，一盆盆皮薄馅多、味道鲜美的水饺摆上了餐桌，一道道特色美食新鲜出炉。

普通的食材，朴素的烹饪方式，通过巧妙的组合、精心的装扮，在语文组的聚会中，变成一道道渗透着浓浓的语文味的菜品。看，特色菜品如下：情浓意芬芳（清炖母鸡汤）、海阔任逍遥（蒜蓉小黄鱼）、健步走香江（椒香肘子肉）、粒粒妙生花（芝麻花生米）、侠客庆丰年（香酥大龙虾）、白玉透红绡（脆皮嫩豆腐）、才子配佳人（田园大丰收）、九星伴月饺（肉馅韭菜饺）……生活处处皆语文。

生活即态度，会工作的老师更热爱生活。冬至之日，因陋就简，丰富多彩的美食文化让这个特别的时间情深意切味更浓，相遇冬至，缘聚香江。

话说"STEAM"

来香港之前，对"STEAM"课程知之甚少，或者是陌生的。"STEAM"课程在香港学校欣欣向荣。香港教联黄楚标学校"STEAM"嘉年华让我大开眼界。2020年元月4日上午，香港教育研究发展中心组织我们去香港教联黄楚标学校培训，感受"STEAM"课程。当信息化、数字化逐渐深入生活，黄楚标学校提出"求实、创新"的办学理念，致力于在弘扬中华传统文化的同时，关注全人发展，让每一个孩子认识世界，让每一个孩子创造未来，让每一个孩子梦想成真！传承民族文化，紧跟时代步伐，学校的民乐队、舞狮队，教师的古筝表演，多元的文化让学校生机勃勃。

黄楚标学校将最新的信息技术成果融入教育教学，将"STEAM"五大领域的知识，即科学、技术、工程、艺术、数学结合起来，消除了不同学科间的隔阂。香港教联黄楚标学校1—6年级都开设了编程课，并且把电脑技术和艺术相结合，注重在实际领域中让学生学会观察和思考生活中的点点滴滴，在拓展学生各类综合学科知识面的同时，让学生学会把课程上学习到的单一学科的知识综合起来，解决具体的问题，在实际应用中让学生有一个知识内化的过程，并最终形成良好的统整思维方式，拥有综合解决问题的能力。

"STEAM"教育注重实践和过程，着力培养学生的实践动手能力和团队合作能力，让学生学会享受获取知识的过程。教室外的走廊上、教室内随处可见学生制作的"STEAM"作品，操场上摆设了很多闯关摊位供学生闯关答题，其中包含了科创的元素。我们饶有兴致地走进每个教室，瞧，普通的香蕉、苹果和橘子，经过学生的巧手组合，线路一连，居然能弹奏出动人的旋律。学生的各种创意精彩无限。

在"STEAM"课程活动现场，原以为主会场主席台背后只是一幅背景画，后来才发现，画面中的每一个乐器、每一个琴键、每一面小鼓都可以弹奏出美妙的旋律。和着古筝，《沧海一声笑》乐曲回旋，各种各样的水果也发出美妙的声音，惊奇中有些醉了……

科创嘉年华是科技节、艺术节、学生节的三合一庆典，回味无穷。遇见"STEAM"课程，畅想教育的未来。

传统文化日

2020年元月13日，圣公会圣十架小学一年一度的传统文化日活动拉开帷幕。穿传统服饰、舞龙狮、跳中国舞、写春联、猜谜语、品尝传统美食……在我和中文科老师的精心设计和编排下，活动亮点纷呈。

了解服饰，展示服饰。我国素有"衣冠古国"的美誉。中华民族在漫长的历史长河中孕育了璀璨的民族文化，形成了中华民族特有的服饰文化系统。早上，老师和学生都穿着多姿多彩的中国传统服饰来到学校，汉服、唐装、旗袍……校园里顿时增加了几分喜气洋洋的节日气氛。随后是大家颇为期待的传统服饰T台秀，身着传统民族服饰的小模特们手提小灯笼，轮番闪亮登场，上演了一场"最炫民族风"。

贺年活动，全员参与。各级中文科随堂进行了认识年兽、介绍春节食品、创意挥春（春联）、立体挥春、猜灯谜、剪纸等专题活动；师生互动，有情有趣，粤语贺新春、许愿树贴话、中国舞展示、舞龙表演等，同学们全员参与，个个喜气洋洋。

剪纸猜谜，展示才艺。这一天，学校随处可见红灯笼以及剪纸、猜谜语等文化元素，还有"中国故事"图片展。活动中，各年级的学生与老师们一起剪纸、学跳中国舞、听寓言故事，有的学生甚至还学到了"中国功夫"。

介绍春节，分享文化。晨会和午膳时间，我和小助手黄琬芝同学通过校园电视台给全校师生介绍了内地春节的习俗和美食。通过情境创设、精彩简报，同学们了解了内地迎新欢乐祥和的各种风俗，我们的介绍也迎来阵阵掌声。

年越来越近，年味越来越浓。有学生兴奋地告诉我："这是我在学校过得最棒的一天。我非常喜欢今天的活动，想要再来一次，我最想去的地方就是北京。"

"微"力润童心

加长版的开学季，香港中小学、幼稚园和内地一样，开始了停课不停学、停课不停教的网络教研活动。为切实做好疫情防控期间对中小学生学习、生活的管理与指导，各学校充分利用网站资源，教育教学开展"互联网+"的工作，老师们加班加点主动适应信息化，网络直播、线上互动、视频交流，为学生提供了较为丰富的网络资源。

新学期援助指导从"面对面"走向"线连线"。

无心插柳柳成荫。巧妇难为无米之炊，宅在家中办公，常常会烦恼资源匮乏和操作不便。接到圣公会圣十架小学统筹主任的邀请，为学校1—6年级学生录制古诗文朗读和释意微课，我便爽快答应了。庆幸自己放假前将学校的一套课外读本《华夏龙情》带回湾仔家中，没想到这一无心之举让校本课程——古诗词备课有了现成的抓手。

绝知此事要躬行。时间紧，任务比较艰巨。经典浸润人生，诵读彰显魅力，指导学生居家诵读经典，微课助力，事半功倍。教学录音和解读必须有情有趣，做到"两个符合"（符合古诗本意、符合儿童心理）。阅读教材、设计脚本、编辑简报、尝试录音，看似简单的10分钟录音，也是尽了洪荒之力。居住繁华地段，录音需选择安静时段，技术水平也是我的短板，首次录制《敕勒歌》，来回录了六七次，问题不断出现，不断调整，慢慢摸索出操作的合理方式。

众人拾柴火焰高。感谢刘晓梅名师工作室全体同仁的大力支持和积极参与。微课录制过程中，他们给我提供资源和素材，帮助我制作教学简报，具体到细节操作，大家尽心尽力。虽然霍山、香港相聚甚远，不管是深夜还是清晨，只要我一声呼唤大家都是招之即来，来之即战，问题皆会迎刃而解。抗击疫情，同心协力，以声助学，刘晓梅名师工作室的同仁们在行动。心存感激：有你们，我是幸福的。

为有源头活水来。中华五千年文明留下了博大精深的优秀传统文化，在全民抗击疫情的当下，让香港的小学生喜欢古诗文，了解优秀文化，浸润童心，意义深远。制作微课的过程中，我查阅资料，了解诗人，反复解读文本，推敲古诗词字里行间的内涵，选择合适的经典音乐作为背景音，多请教、多思考，让活水从源头淙淙流淌。

微课新鲜出炉，居家诵读的反馈纷至沓来，不少学生在网上留言：刘老师制作的微课，很有意思，特别喜欢听老师的讲授，我们在家里也会跟读朗读。

愿这"微"薄之力，能为支援学校的孩子们留下一段经典阅读的美好记忆。

花车巡游

　　一直对香港教育局布置的"花车巡游"工作充满好奇，花车是一种用于节日庆典的车，我心想"花车巡游"莫不是特殊时期坐着花车去游览，优哉游哉，这定是一项愉悦而又富有诗情的活动。等到活动开始，我为自己的想法感到幼稚，原来"花车巡游"是语文组的精心创意，以巡游心态见证一年的工作，见证努力的过程，参加交流的老师需要有智慧的呈现，我不禁为香港同事点赞。

　　台上一分钟，台下十年功，大家紧锣密鼓，筹备"花车巡游"活动。

　　驻校支援5个月，宅家抗疫3个月，复工运行2周，一路走来，大家意气风发，同心抗疫，一往情深；每人8分钟，8张幻灯片，总结两个学校的子课题，分享支援和抗疫工作的经典做法。限定时间，限定内容，学会总结，注重提炼。

　　整理资料，制作课件，8分钟时间分享经验，自然迫使我们合理安排时间，尝试制作复杂一点的课件，于是发现PPT功能如此强大，在相互交流和学习中，大家的水平不断提高。

　　梳理工作，总结经验。为花车搭架子，花儿何处来，车儿哪里去。教学相长，感谢疫情下的宅家，昨日读过的书、付出的努力，今天有了用武之地，从冬到春直至夏，回忆让人感动。2019—2020学年，对于香港来说是个特殊的时期，对于我们内师来说，更是一段弥足珍贵的经历。我不善于种花养草，更不会搭车筑架，就百日的坚守及努力，和支援学校对接，给老师献计，为学生制作系列微课，眼前的一串串数字聊以自慰，真可谓"你若盛开，蝴蝶自来"。

　　"花车巡游"活动精彩上演，每个人既讲又评，忙得不亦乐乎，看得出语文组内师团队成员个个功力非同一般。没有一个人超时，都在8分钟内完成了汇报，真可谓"花车巡游吐心蕊，八仙过海显神通"。

古希腊大哲学家阿基米德说过，给我一个支点，我可以撬动地球。大家的分享如习习春风沁人心脾。黎先生评价说：大家都能从专业的视角研究现状，工作注重针对性。有的老师从教学细微处入手，有的在古诗词、文言文阅读瓶颈处破冰，提供订单式服务；有的老师采用一招两式的独特视角，为支援学校精准把脉，看似闲庭信步，实则独具匠心，正所谓"此处无招胜有招"，招招见功夫；有的老师用专业的能力引领团队，工作注重实践性。有行动就有感动，有实力就有魅力，支援中，大家循循善诱，通过耐心的扶、用心的牵、尽心的引，促进教师的专业发展和学生的成长。

"花车巡游"中的每个故事都自带温度，温暖人心，每个故事都记录艰辛、砥砺前行，每个故事都盛开智慧、润物细无声，真心的付出取得了预期的效果。采得百花成蜜后，香港学校教师和学生在大家的带动下正在逐步成长。

"会"心一笑

芳菲随春去，葱茏入夏来。6月的第一周，注定不会单调。分析会、分享会、暑期表格会、电梯会，平淡的流年里，加点声色，放点调料，"会"心一笑，有滋有味。

DSE分析会（香港高考的专题分享会，简称DSE分析会）——连蒙带猜。本周一是六一国际儿童节，我们这些"老儿童"参加了香港语文教学支援组关于香港中学文凭考试的会议。会上，香港同事们对香港中文科、文学科以及综合试卷进行了分析，从历年试题的变化到学生答题情况都作了全面分析，还特别提出来年语文教学支援组的工作目标和内容。这一场分享会，从上午9点半一直开到中午12点，议程安排得满满当当。分享会重点介绍了2020年中文卷的写作专题，就中国语文卷一、卷三，中国文学科阅卷员会议所见所闻所思，五位同事发言各约15分钟，然后进行约30分钟不分组的公开讨论。重点分析试题的变化、趋势，从中小衔接的角度，反思其对学、教、评、课程与支持工作的启示。会议内容清晰明确，时间管理极为严格，虽然是粤语交流，但是借助PPT的繁体文字，我们都在用心感受并解读每位发言者的所思所感：加强中小衔接，重视阅读过程的指导，加强学生高阶思维训练，让语文从生活中来到生活中去，学有意义的中文。对于教育规律的探寻，两地的语文教育工作者都在积极努力。置身会场，我们真切感受到香港同事的睿智、风趣和极强的时间观念，也让我们对DSE有了一些认识。

来到香港200多个日子，粤语的学习仍然是一大障碍，上午的分析会听得也是稀里糊涂，坐在会场，更多地是借助直观形象的PPT来了解会议的内容。语言的学习和应用任重而道远。

组内分享会——思维碰撞。周三是语文教学支援组内师团队的最后一次分享。小苗和静娟老师精心准备，酝酿已久，呈现了一道道精神大餐。老师们的教学攻略生动有趣，语文教学理念灵动鲜活，阅读的广度和深度在这里无缝对接。"一石激起千层浪"，温庭筠的一首《梦江南》，在苗老师的设计里发生了奇妙的变幻，也引起大家的热议。"我"在教学中的作用，"我"在课堂中的位置，浓浓的语文课背后，有"我"丰富的灵魂。把语文书读厚—读薄—读厚—读薄，把学生看似读懂的东西读深读透，一词一句，一情一景，让学生在语言文字的推敲中走一个来回。"匠人语文"与"文人语文"的提法很新鲜，每一次分享会都让我受益匪浅。

暑期表格会——不离不弃。"花车巡游"一结束，宇丹老师就让我们做好足够的心理准备，对暑期工作做了详细的介绍和重点安排，日记录、周安排、月报表、季报表、阶段汇报、年终总结，各类表格的填写纷至沓来。工作极强的计划性，是香港教育局语文教学支援组的一大亮点，凡事预则立，不预则废，在每个想法和行动之后，留下有痕的记忆，明确的工作指引促使我的思维慢慢适应和改变，不断反思并理清下一步工作思路。

小四至中二年级复课在即，我一边认真填写表格，一边继续研读香港小学语文教材，指导教师建立学案，设计工作纸。对比不同教材同一主题单元的不同设计，发现各有千秋。统编教材的选文从不同角度，创设不同结局引导学生续写故事，给学生续编故事留下了发挥的空间，如《不会叫的狗》。香港教材《奇特的实验》一文设计了口袋书，故事像一幅连环画徐徐展开，处处留白，激发学生在过程中学会思考，感受预想内容的趣味性，学会预测的方法。

下班电梯会——经济高效。紧张的节奏推动前进，深以为然。心里有火，眼里有光，朝起暮落，辗转有序。集体的力量是无穷的，办公室里，大家都在埋头工作，到了下班点，还会利用等电梯、乘电梯的时间，开个"短会"。

一边工作，一边享受美好。美美的心情，激发起了下班后走路走回去的决心。穿过地铁，走上星光大道，乘坐天星小轮，徒步湾景中心。维多利亚港畔夕阳拉长一道曼妙的身影，少了一份匆匆，多了一份惬意。细数倒计时的日子，憧憬着归家后的种种美好，一场断舍离的远行瞬间美好。可谓是：

晨明熹光，太平山冈晓巍，

暮色降临，洒满维港落辉，

眼前，草原苍翠，尽在广阔驰骋，

耳畔，萧鸣悠扬，犹有晓梅绽放，

赴港交流，只愿——

苗林茁壮，养红梅风格，学子静娟，培高静气质。

殷切期盼，美好祝福，尽在其中。下周，就是香港小学复课的日子了，我们也要恢复驻校工作，"独行侠"们又开始独自"行走江湖"了，又会演绎出什么精彩呢？让我们拭目以待吧……

感恩相遇

由陌生到熟悉再到友好，缘分就是这么神奇，十个月鏖战，终于在这个特殊的日子里与两所驻校辞别，往事茌苒，历历在目。

初闻圣公会圣十架小学、天主教总堂区学校，内心感到无比地新奇、忐忑、紧张，你们到底长啥样？眼前一片模糊。

第一次驻校，对我这个方向感不太好的人来说，窘态百出。跟着香港人匆忙的步伐，在百度地图的导航下，坐新巴、换城巴、乘地铁、转小巴、过海底隧道、攀半山楼梯，奔到驻校，兴奋、喜悦、局促……

第一次见面会，我和全校师生侃侃而谈，我的家乡、我的老师、我们的学生，朴实自然的图文说明，赢来了师生阵阵掌声，那是鼓励和信任，无比亲切和感动。

入乡就要随俗，两所学校都是宗教团体办学，每天我会准时参加学校晨会，语言有障碍，科大讯飞来帮忙，了解学校工作，精准协作交流；休息的时候，师生特地为我开小灶，用不太娴熟的普通话和我聊天，分享学校的管理经验和香港的趣事。

集体备课、观课、评课，工作坊交流，示范课引领，一起走过的日子，欢笑、艰辛、碰撞、交流。

语文教学支援组梁女士在周三例会上的讲话让我们感同身受。过去的一年，大家面对挑战开展驻校支援工作，面对面的交流很有必要，电子资讯辅助教学为我们的教研工作提供了新的思路和契机，今天的经历会成为你今后人生宝贵的经验。人要正，心要定，阳光总在风雨后。

人在征途，重要的是每一天都有感触，每一天都有思考，每一天都在变化……香港的课程，因为校本，更具厚度；管理，因为人本，更添温度；教学，因为生本，更有效度。再见了，圣公会圣十架小学、天主教总堂区学校，感恩奇妙的邂逅，是你们让我看到了别样的教育风景，感受到了人生中一次难忘的相遇！

再别香江

挥手离开，蓦然发觉：天下没有不散的筵席，一年转瞬即逝！

2021年8月12日上午，香港教育研究发展中心的詹总、朱先生、冯小姐来到我们的住处，为我们颁发教育部和香港教育局的荣誉证书，红红的证书证明了我们一年的经历，也记载着我们的艰辛。上午11：10—12：30，语文教学支援组的线上结题会如期举行。小组最后一次会议，我代表课题组做了教研工作的总结汇报——《深耕群文 尽时匠心 聚焦经典 语味芳醇》。短短一个小时的汇报交流，无论条件如何，我们研究的脚步依然坚实，并收获了丰硕的成果，我们用行动实现了诺言：不负内地不负港。汇报获得了香港教育局同事的充分肯定。一年的工作，大家很辛苦，专业的坚持和努力，取得预期成果。

13日下午，是本次交流与协作计划的线上总结分享会，中联办领导、教育部港澳台办领导、香港教育局领导以及全体内地教师都出席了分享会，语文教学支援组，数学教学支援组，校本课程支援组，幼教支援组，个人、社会与人文支援组分别做了汇报分享，各组扎实的研究和精彩的汇报获得了领导和专家们的赞赏。最后，我们以屏幕截屏的方式完成了大合照，这也是此项计划开展16年以来，第一次以这样的方式来合照，第一次以线上的方式开展全体分享会，这必将载入此计划的史册！

傍晚，再一次去维多利亚港散步，她依旧如我初见时一样美丽，在这里看过日出和夕阳，她像一个亲切的朋友时时陪伴着我们，想到明天就要离开她了，心有戚戚焉！一年时间不长，但我们共同的经历却是无法复制的，大家互相鼓励，互相关心，这些都深深刻在我的心里，怎能忘怀？维港的夜是香港最美的景，离别之际，再一次闲庭信步在维港的海边，灵感所至，借用徐志摩先生的《再别康桥》，赋诗一首，告别维港，作别香江。

再别香江

——写给我的2019—2020年

轻轻地我走了，
正如我轻轻地来；
我轻轻地招手，
作别维港的云彩。

从大江南北，为你而来，带着几许期待，寻梦？
惶恐不安上路，内外兼修历练。

随着涌动的人流我们成了都市里匆匆一员，
优化课堂教学技能，推动交流协作文化。

三百五十个日子，我们用坚持和努力换一句誓言：
不负韶华，同绎精彩。

从大江南北，为你而来，
踏着风火轮的节奏，凭着独行侠的胆量，寻梦？

四点一线的奔波，独上高楼，望断天涯路，
粤语听不懂，勤学不沮丧，群文加经典，精彩各亮相。

新冠疫情起，病毒很猖狂。停课不停学，刻苦有担当。
备课、观课、议课各美其美，
课堂、课题、课程美美与共。

紫荆花绽放，在我们心头荡漾，
五星红旗飘动的海洋，是几度泪目的疯狂。

庚子年的洗礼和磨炼是那样的特别，那样的不容易，
为我们的人生增了色，添了彩。

让我们既见风雨，更见风景，
情难舍人难留，今朝一别各西东。

寻梦，撑一支长篙，向青草更青处漫溯。
满载一船星辉，在星辉斑斓里放歌。

不要问不要说，一切尽在不言中。
人生难免苦与痛，失去过才能真正懂得珍惜和拥有。

冷和热点点滴滴在心头，伴你走过一个春夏秋冬。
你和我重逢在灿烂的季节，愿心中永远留存着我们的笑容。
因为一群人，爱上一座城。因为这一年，相约到永远。
作别香江水，但我不能放歌，悄悄是别离的笙箫。

说再见，再见不会太遥远。
若有缘，有缘就能期待明天。

悄悄地我走了，正如我悄悄地来，
我挥一挥衣袖，不带走一片云彩。

时光不停留，常伴瞬间回眸，
知否，知否，自是情谊深厚……

后　记

　　时光总是太匆匆，转瞬即逝。在来去如飞的2019—2020学年，我做了什么？留下了什么？反复翻看自己的朋友圈，才发现，这一年已成过去。对于我们每一个人来说，庚子年都是不平凡的。2019—2020学年于我，更是一段刻骨铭心的教育经历。回首赴港交流协作的日子，这一年，有遇见、有别离、有思考、有碰撞，太多的画面、太多的场景、太多的感动……

　　怎能忘，第一次组内分享，在香港教育局语文教学支援组，专家学者云集，我心里是十五个吊桶打水——七上八下，生怕县城的教学经验难登大雅之堂，谁知，《巧布云儿早下雨　经典学习增情趣》专题分享引起了香港同事的兴趣，阵阵掌声是尊重，是信任，更是真诚的鼓励！

　　怎能忘，在驻校交流协作中，首次遇见陌生的学习对象——非华语学生。非华语学生是国际化办学背景下，香港学校迎来的一个特殊的群体。这些学生来自不同国家和地区，语言基础不同，"三文两语"的中文科教学面临巨大挑战。面对校本课题——如何让非华语学生开展整本书阅读，我感觉就像热锅上的蚂蚁——急得团团转。正在我一筹莫展之时，是香港教育局的同事给予我细致分析和有效指导，非华语学生活泼好动、形象思维丰富，我借助内地专家丁有宽老师的读写导练和李吉林老师情境教学的先进理念展开教学，创设情境，趣味识记，读写结合，有效的教学策略让非华语学生对中文科阅读和写作有了兴趣和自信。在行动研究中，不断有惊喜、兴奋和激动，因为播撒阅读的种子，我聆听到生命拔节的声音。

怎能忘，在停课不停教、停课不停学的线上支援期间，是刘晓梅名师工作室团队——一群有激情、有梦想的小学语文追梦人，在遥远的家乡默默地给予我关心，帮助我查阅资料，协助我制作课件，大家的鼎力支持，让我提前完成校本课程"华夏龙情"系列经典微课的制作任务……品读诗词，诵读国学，传统文化浸润了孩子们的心灵，让孩子们进一步亲近了祖国的经典文化。

这一年，从这所驻校到另外一所驻校，从这间教室到那间教室，和香港老师一起研究课堂、研究教学、研究评价，引领青年教师专业成长；这一年，了解香港教育，感受香港文化，探寻教育密码，虽有辛苦劳累，但心中满满的都是感动；这一年，紧张高效，充实快乐，走着走着，就遇见了一路的好风景。每一个寻常的日子里都有细微的美好，每一份流动的光景里都有执着的信念。在香港的日子是自己的，每一寸光阴都不可怠慢。

多少次奔波劳顿，多少回灯下点点记录，化作香江日记、教学案例、微课设计、教学反思、科研报告，每当我的日记、教学随笔新鲜出炉，大家就纷纷跟帖，或鼓励，或感慨，或指点，其间还得到香港老师的肯定和赞扬。美好的事物总是弥足珍贵，那年、那月、那些事虽然渐渐远去，但沉淀下来的一份情愫却挥之不去。在领导、同事、朋友和家人的鼓励下，我勇敢地提起笔，把教学中的摸索和研究的成果收集整理，将这一道道或深或浅的记忆用稚嫩的文字唤醒，让这一年的教学生活固化为永恒。念过往，看今朝，思未来，感恩那最初的遇见，感谢这一路的欢歌笑语，感激这份读你千遍也不倦的情缘。

行文至此感慨良多，本书的写作得到了领导、同事和家人的支持，在此我衷心感谢教育部和省、市、县各级领导，给了我莫大的鼓励和充分的信任，正是有了领导的专业指导，才让我更有方向，更有前进的动力；也感谢一年来支持我的同事们，在我交流协作期间支持我的工作，让这一年充满了快乐与收获；还要感谢我的家人，是他们的理解和支持，让我心无旁骛，无后顾之忧，全身心投入一年的交流协作工作。特别感动的是，在百忙的工作中，安徽省特级教师、六安市教育科学研究院小学语文教研员严仍江老师，安徽省特级教师、霍山县教学研究室主任陈兆先老师，霍山县教师学习和资源中心高级教师杜应祥老师，对我的书稿给予具体指导，并为我的书稿写了序言，他们的肯定让我汗颜，真诚的鼓励也增加了我前行的动力。

我很庆幸能融入香港的教育，来到这有理念、有愿景、有文化、有生机的多元化领地。《香江情缘——小学语文教育交流协作记》，不仅是对我一年交流协作生活的纪念，更是内地与香港教育文化交流融合的智慧和结晶。《香江情缘——小学语文教育交流协作记》即将付梓出版，可能有些文字还不够成熟，课例还不尽完美，教研体会也许还很浅显，真诚希望诸位专家老师批评指正。

教育教学研究，晓梅老师永远在路上……

刘晓梅

2021年2月28日

后记